西北民族大学新闻传播学院学科建设文库
编 委 会

总　序

　　《西北民族大学新闻传播学院学科建设文库》第一批 5 部作品，即将付梓印刷。同事们邀我来为文库写一个总的序论，心中的忐忑油然而生。原因很简单：将主题不同、内容不同、风格不同、学术价值不同的 5 部学术著作，抽象、归纳、评价在一篇文字当中，恐有挂一漏万的疏忽和曲解文意的偏颇。

　　对于民族院校的新闻传播学研究，突出的学术特征和研究范畴，指向了民族地区的社会变迁、媒介生态和受众的媒介素养；指向了千百年逐步生成的民族历史、民族心理、生活方式、文化意识、风俗习惯和宗教信仰；指向了地理、地域、地貌、地方的自然环境，并即刻涉入了精神交往的深层结构之中，显现出各民族文化在交互时的边界和关系问题。

　　在人们感知世界之前，世界是混沌的；而文化的传播和精神的交往则降低了世界的混沌性质。一个民族或族群在共同的历史背景的长期浸润之下，必然创造着共同的文化精神和生活习俗，形成了内部、外部相互交往的物质基础和精神基础。一个民族或族群在向另一个民族或族群学习的时候，目的不是成为其他的民族或族群；而是在与历史文化的对话中、在与其他民族或族群的对话中，解释自己，丰富自己，并由此凝聚成民族或族群进化发展的动力。马克思和恩格斯指出："各民族之间的相互关系取决于每一个民族的生产力、分工和内部交往的发展程度。这个原理是公认的。然而不仅是一个民族与其他民族的关系，而且这个民族本身的整个内部结构也取决于自己的生产以及自己内部和外部的交往的发展程度。"① 生产力水平，劳动分工的结构，精神交往的程度和层次，决定了一个民族或族群在与其他民族或族群关系时的能力。

西部是一片神奇、充满纷繁文化气质的广阔土地。以甘肃为例：这里自古以来就是游牧民族聚居的自然地理区域。现今有54个少数民族成分，有回、藏、东乡、土、裕固、保安、蒙古、撒拉、哈萨克、满等16个世居的少数民族。其中裕固族、保安族、东乡族为甘肃特有的少数民族。13世纪成吉思汗西征时，从中亚撒马尔汗等地被迫东迁的色目人和蒙古人，驻扎在了甘肃临夏河州的东乡地区。以此为主体，融合多种民族成分逐渐形成的东乡族，近年开始西迁新疆伊犁地区和青海省，越出了甘肃辖区。在甘肃狭长的地理区域中，现有甘南、临夏2个民族自治州，有天祝、肃南、肃北、阿克塞、东乡、积石山、张家川7个民族自治县；有39个民族乡，民族自治地方面积达到17.9万平方公里，占全省面积的39.8%。全省常住的少数民族人口为239.97万人，占全省总人口的9.26%（2005年全国1%人口抽样调查数据）。面对这样一个客观的研究对象，凸显了对西北、对西部进行媒介传播现状研究的丰富性和复杂性。多元化的民族历史和文化惯性，有力地构筑了一个民族或族群与另一个民族或族群之间交流、交往的差异，合意达成的理性过程缓慢悠长。在与内地高校传播学者们的交流、交往中，我感受到了他们对这片土地生存人群的过往历史和现今状况的浓厚兴趣。因为这里是实施民族志、田野调查的乐土；是思想与思想交锋的前沿。这里完全不同于源出自西方传播学理论体系的特定场域，它鲜活地折射出了社会变迁的不同层次、不同程度和不同方向。不可否认，伴随着物质生产和物质交往的现代性，精神生产和精神交往的形式、内容发生变迁、趋同的走向无法避免；但变迁的速度、范围和程度未必一致。

朱杰副教授撰写的《徘徊与踌躇中的抉择——西北民族地区大众传播与社会变迁研究》一书，研究和阐述了两个主要层面：一是对西北民族地区辖属的民族社区展开田野调查，民族社区的概念以县乡村为轴线，以村落为最终个案对象；然后将研究对象回归于复杂的文化背景中。二是选择维吾尔族、藏族、蒙古族、保安族、东乡族、裕固族、哈萨克族等7

---

① 《马克思恩格斯选集》第1卷，人民出版社1995年版，第80页。

个少数民族，展开个案研究。以调查报告的方式厘清研究对象与大众传播的关系，并对客观的社会状况进行定性研究。书中对部分极具典型意义的少数民族社区，以田野调查手记的方式做了呈现，提供了证据，说明了语境；其中不乏一些精彩的叙述和见解。他在 2011 年 7 月的田野调查中写下了 3 万多字的《藏乡迭部访谈日记》，流露了引人入胜的研究风格。

　　7 月 20 号是行程的第一天。作者在日记中写道："甘南藏族自治州迭部县位于甘肃省南部，地处白龙江上游的川、陇两省结合部。全县有 11 个乡（镇），人口 5.55 万人，总面积 5108.3 平方公里。迭部古称'叠州'，藏语的意思是'大拇指'，是山神'摁'开的地方。1925 年，美籍奥地利裔学者约瑟夫·洛克来到迭部，绘制了迭部的部分地图。1928 年 11 月，美国《国家地理》杂志对迭部做了图文并茂的报道，使迭部为世界所知晓。进入了甘南草原腹地。这是一片与四川阿坝松潘草原连接在一起的中国西部藏区原生态草原。漫山遍野的绿草和矮小的灌木，让我们兴奋异常。草原和森林是人类最早的居所，这种兴奋来自于生命的本能。天色阴暗了起来，很快大雨滂沱。草原的天气正如小孩子的脸，时晴时阴。大雨在道路上升腾起浓密的雾霭，过往的车辆都开启了防雾灯和安全灯，寒意阵阵袭来。牦牛如黑珍珠般散落在绿色的草甸上，帐房前牛粪燃起的炊烟袅袅升起。这种景致让人陶醉，甚至忘却了旅途的疲惫。当看到四川省的界碑时，我们知道离目的地迭部已经不远了。迭部虽属甘肃，但地处川、陇两省的交界之处，需要先穿过四川阿坝若尔盖的部分区域才能到达迭部。曾几何时，这里是世上最为边缘，最为野性的居所。进入迭部沟后，草原被苍松翠柏、江流湍急的森林地貌所代替。漫山的苍天大树，湍急的白龙江，使我们意识到迭部是名副其实的林区。感受着空气中树木散发出的久违的气息，眷恋起这里曾经'伐木丁丁，鸟鸣嘤嘤，出自幽谷，迁于乔木'的场景。如今，禁止伐木已有多年，环境保护的效果已经显现。"作者对场域的描摹清新自然，信手拈来的文字充满了对调研对象的熟谙。也许，这并不是学者们追寻或赞赏的学术风格，但让别人读懂终归才是著述的目的。

　　李克副教授撰写的《冲击碰撞下的交流与融合——西北民族地区大众传播现状及对策研究》一书，研究视野和研究区域定性为甘宁青新 4 省区，研究样本的选择颇为广泛并具代表性。比如在甘肃所辖的 5 个地级市、2个自治州中选择了甘南藏族自治州和张掖市。在甘南藏族自治州所辖的7县1市中选择了舟曲、碌曲、迭部、夏河4县和合作市；在张掖市所辖的1区5县中选择了肃南裕固族自治县。书中抽样调查的44个样本，分布涉及西北4省的11个市、22个县、68个乡、151个行政村。共派出283名学生调查员，赴各地完成问卷调查。调查问卷内容包括新闻媒体（1.新闻媒体发展情况新闻媒体发展情况 2.栏目设置与运营情况：A.报纸现状 B.广播电台现状 C.电视台现状）、从业者（1.媒体专业负责人业务专长。2.媒体专业人员培训方式 3.引进媒体专业人才情况 4.媒体人员对创新研究的态度 5.媒体专业人员流失的情况 6.媒体专业人员对自身的评价 7.媒体专业人员对职业满意度评价 8.受众对民族新闻工作者的看法）、受众（1.受众基本情况 2.传播工具普及程度 3.阅读报纸杂志情况 4.传播对受众影响 5.看电视情况 6.听广播情况 7.对民族新闻工作者的看法 8.制约新闻发展因素）。后期进行数据统计、分析，在分析数据的基础上撰写调查报告，进而完成策略研究。全书量化研究的特色非常突出，表现了作者严谨认真客观的科研态度。样本的选择精细准确，问卷内容的设计也较为全面。书中对西北甘宁青新4省区大众传播现状的呈现，富有着极高的学术参考价值。

卢毅刚副教授撰写的《认识、互动与趋同——公众舆论心理解读》一书，让我感兴趣的部分是"民族心理对公众舆论意见的影响"这一章节。因为它高度契合了西部地区媒介生态的基本特征，关注了舆论机制和公众舆论建立在社会制度、传播制度、民众平等权利等基础上合意达成的理性过程。正如作者所说："民族是人类社会发展到一定时期和阶段之后形成的。作为依托历史与社会的基点，既具有自然属性又具有社会属性。它是构成人们的社会共同体，是特定的生产方式、语言、文化和风俗习惯，并据此形成了特殊的民族心理认同。在公众舆论的形成过程中，绝大多数的公众舆论都是在一定的民族意识范式内形成的，不可避免地带有民族的历史和传统留下的印记。对于公众舆论民族性的认可，将深深地植入到民族的性格当中。"

沿着作者的思路 可以认为：1.舆论与环境的关系是相辅相成的，舆论在依托历史地理、民族文化的主客观环境完成传递的时候，所有的编码信息必须与受众的解码意识协调一致或无限接近；否则，对立的解码意识就会出现。这是由同质化的民族心理和精神意识决定的，这种心理和意识成为了舆论引入发生变迁消解的渊源。2. 一个民族或族群与另一个民族或族群的对话和交流是永恒的，对话中的矛盾和隔膜是必然的。然而，对话形成的碰撞、交流、协调、整合、创新以及交互后社会舆论环境的形成，有助于社会的平衡与和谐，这就是对话的精神和本质。用以上认知建立起来的舆论环境，应该充满着理解和尊重的暖意。3. 大众媒体传播的舆论信息，由于媒介样式、功能、速度、数量的数字化，信息环境转化为现实环境的过程加快了。在研究"虚拟环境"理论时发现："虚拟环境"的塑造，并不能对事物、事件的客观真实，建构出物理镜像般的反馈和基因技术般的克隆。媒体的立场，媒体工作人员的社会素养，媒体当下面临的诸多社会因素，都会影响舆论信息无限逼近事物、事件真实面貌的程度。因此，"过犹不及"的说法描述了"拟态环境"塑造时的一种宏观尺度。4. 一个人只要生存在世界上，就会受到来自家庭、族群、地域、历史、文化、信仰、社会环境和社会舆论的控制，进而积淀出观察事物、判断事物的意识和经验。由于这些意识、经验具有的主观性和闭合性，显示了浓重的个体色彩和族群色彩。"框架"决定了公众舆论必须建立认识、互动与趋同的观察视野。

范文德副教授撰写的《真实与建构——纪录片传播理论探究》一书，源于对自己教授专业的热情和经验。纪录片是什么？是一个颇具争议的学术命题。记得 2012 年 5 月，新疆师范大学刘湘晨教授应邀来我学院讲学，展映了他拍摄的纪录片原创作品《阿希克：最后的游吟》和《太阳部族》。维吾尔族民间艺人（维语称为"阿希克"），与其说他们是流浪艺人，不如说他们是游吟者和苦行僧的混合体。他们选择不同的职业谋生，只为吟唱他们心中的信仰和对民族文化的挚爱。这部纪录片拍摄了 5 年时间。在帕米尔高原东部边缘的勒斯卡木村，那里只有 7 户人家，全部为高山塔吉克族人。为了记录塔吉克人的日常生活，拍摄者在这个村落里生活了 7 个月。作品充满古典风格，幽静而深邃；帕米尔高原的塔吉克人，在年年必经的"转场"过程中，与人、与动物、与草原达到了一种微妙的平衡。也许，关于纪录片的定义第一次在我的意识里萌生了：那就是真实、原创、坚守和对在一片土地上生活的人们的眷恋和深情。本书作者则从另一个角度出发，使用传播学的理论和方法，对纪录片的产生和形成做了一次全面的梳理。与纪录片的原创性对应，学理的高度恰好给了阅读者一个可以嫁接的学术视野。纪录片的本质属性、发展脉络、传播价值、传播主体、观念与方法、美学、伦理、效果等问题，都可以在书中得到解读和呼吸。

杨志宏老师是文库作者中最年轻的撰写者，职称讲师。他编写的《网络编辑基础教程》一书，是新闻传播学科重视实践教学环节的产物。新闻传播学专业的学生，已经无法逃脱数字技术的控制，仅靠笔墨来传递信息和思想了。从 1995 年开始的互联网元年起，互联网和数字技术，已经如水银泻地般的速度，席卷了整个信息世界。由于作者计算机专业的学历背景，针对文科学生的需要，书中重点讲解了网络编辑环节中需要具备的素质、内容管理系统的使用、网络信息的筛选和管理、新闻图片的数字化编辑和网页制作的基础知识等内容。观察国内已经出版的网络编辑相关教材，在网络编辑的互联网技术或技能方面，鲜有重点强调，对于网络编辑日常使用的 CMS（内容管理系统），尚无教材涉及。《网络编辑基础教程》的出版，无疑填补了此类空缺，改变了"和者盖寡"的教材布局。

恩斯特·卡西尔说："人是符号的动物，亦即能利用符号去创造文化的动物。"① 伴随着智慧和才华，我们的老师们并没有在高校的讲台上停滞下来。也许，此次文库诸种著述的出版，仅仅意味了学习的重要性；但进步的印记会蔓延开来，就像 5 月的夏花一样充满生机。期待着读到来自文库其他老师们的更多作品，那是学问和积累增长的点点滴滴。

最后谨向西北民族大学学科建设办公室和文库的责任编辑、中国社会科学出版社孔继萍女士致以诚挚的谢意。

西北民族大学新闻传播学院

院长　**刘俭云**

2013 年 3 月 27 日

---

① 转引自庄晓东主编《传播与文化概论》，人民出版社 2008 年版，第 44 页。

目　录

序　言

据中国互联网信息中心调查，截至 2012 年 1 月中国网民数量为 5.13 亿，普及率达到 38.3%，超过世界平均水平，我国网站数量为 230 万个。网民庞大的信息需求催生了一个新兴职业群体——网络编辑，2005 年网络编辑才被劳动保障部列为"新兴职业"，到 2009 年，网络编辑已经成为"热门职业"。据统计，目前中国网络编辑有 300 万人，规模远超过传统媒体的编辑记者队伍。

但在我们的高校新闻教育中，关于网络编辑的教育还不成体系，很多时候，对网络编辑的教育教学还是传统媒体的教育模式，虽然说不同媒体的编辑工作存在共性，但是过分强调共性而忽视网络编辑的职业特性和要求，会加剧高校新闻教育与新闻实践脱节的现象。

那么，网络编辑的职业特性到底是什么？网络编辑人员应该具备什么样的技能？

对于上述问题的认识，新浪网总编辑陈彤的观点可谓极具代表性，陈彤在其著作《新浪之道》中认为，"一个好的网络编辑常常需要独自一人承担从构思策划、采访、网络发布等多个环节的制作及页面展现。因此，网络新闻编辑需要具备相关专业、新闻传播以及互联网技术等方面的综合素质"。

也就是说，网络编辑人员不但应该具有新闻素养、行业素养，还要熟谙网络语言，能将自己对新闻价值的判断以网络语言的形式表现出来。个人认为，网络编辑不应只掌握传统媒体技能和计算机技术，更应具有关注客户需求、重视技术创新、善用新的工具和生产手段的互联网特质。

　　在实际的网络编辑岗位上，业界存在"懂新闻的不懂网络，懂网络的不懂新闻"的尴尬，这是由于我们目前的高校新闻教育中，普遍重视理论学习，强调新闻价值训练，但容易产生学生有脑无手，实践能力较弱的后果。因此，重视网络编辑的工具修养，培养能熟练使用各种硬件和软件完成文字、图片、声音、视频等媒体出版的新闻人才是目前新闻教育工作的紧迫任务。作者发现，我国已出版的网络编辑相关教材，在网络编辑的互联网技术或技能方面，鲜有重点强调，没有涉及网络编辑日常使用的 CMS（内容管理系统），这不能不说是一种遗憾。

　　本书的写作实质是对上述现象的一种反映，试图让新闻专业的同学通过在校阶段的学习，就具有网络编辑的工具技术素养，具备从事网络编辑工作的互联网特质。

　　本书的写作也是作者多年教学工作的总结，感谢同学们给我带来的启发。

　　受个人知识结构和能力所限，本书内容难免存在错误和不足，敬请读者和专家原谅并指正。

杨志宏

2012 年 2 月 6 日

第 一 章

网络编辑工作概述

网络编辑，指的是利用专业知识和信息技术，从事互联网站内容建设的人员，是网站内容的设计师和建设者，他们通过网络对海量信息进行选择、加工、组织，通过网站发布信息，并且同网民形成互动。

第一节　网络编辑的日常工作

网络编辑的日常工作一般包括：根据内容选题采集信息、选择文章、修改标题导语、制作维护专题、管理论坛、组织网络调查、策划线下活动等等。具体而言，网络编辑工作的职能包括以下方面：

一　选稿

选稿就是在大量的信息中寻找筛选新闻素材的过程，是网络编辑的最基本工作，信息筛选能力直接反映网络编辑素质和水平。在稿件筛选和取舍过程中，既要考虑网站的类型、定位、编辑方针，还要考虑相关的法律法规，最后还要考虑网络信息的新闻价值等等。信息筛选过程需要编辑人员快速地浏览稿件，从中筛选出合适的内容。与传统媒体相比，网络媒体的编辑人员选稿时间短、内容多、信息杂、难度大，因此网络编辑人员还要有很好的信息判断和核实能力。

一般而言，各个网站都有自己成体系的编辑方针和要求，编辑人员需要认真体会，融会贯通，通过实践不断提高。新浪新闻之所以取得巨大成功，与其新闻编辑工作工业化的高效有序的运转紧密相关。而所有程序运转的核心理念，也是新浪所有新闻人员必须遵守的原则，就是由新浪总编辑陈彤在1998年提出的"快速、全面、准确、客观"。

二　改编

编辑在筛选稿件后，要对内容和文字进行改编，使之更加符合网站的定位和网络浏览的需要。多个实证研究表明，用户在接触网络信息时，往往没有足够的耐心进行专心的深阅读，主要以扫描式的浏览为主，受众这样的浏览习惯就要求网络编辑人员非常重视标题的制作，做标题是改编工作的一个重要环节。除了标题的制作之外，网络编辑人员还要改正原稿中的错别字、不合适的标点符号等，有时，还需添加新闻图片。改编工作还包括将多个新闻素材通过超链接的方式整合在一起，充分利用网络连接的优势，引导用户进行延伸阅读。网络编辑人员在改编工作中还要对新闻事实进行多渠道核实，对思想政治性上的差错进行校正。

三　推广

在经过筛选和改编工作后，大部分稿件就通过内容管理系统直接发布到网站，但由于网站的信息繁多，如果不进行有效的推广工作，有价值的新闻就会和普通稿件一样淹没在信息海洋中，因此，网络编辑人员要有选择地重点推广热点新闻，使之能在网站中占据比较重要的显示位置，赢得更多网友的注意。推广工作在文字方面包括制作导语、摘要、新闻缩略图等，在手段上包括提高稿件在内容管理系统中的权重值或者重要性，使之在网站首页、频道首页等位置显示等等。

除了自身网站外，网络编辑人员还应利用短信、论坛、博客、微博（见图1—1）、SNS、新闻客户端等多种网络传播手段，主动发布信息以提升信息的曝光率，增加网站点击量。

四　整合

与报纸、杂志、电视等传统媒体相比，网络媒体没有版面容量的限制，再加上超级链接的广泛使用使得网络编辑可以将诸多信息组织在同一个页面中，形成网络报道单元或网络新闻专题，这种多角度、多层次、多体裁、全方位的报道方式，正是网络媒体的优势所在。事实上，网络新闻

视频:武汉警方否认帮日本游客找车系选择性执法 http://t.cn/zOyDSOb

今天14:01　来自新浪视频　　　　　　　　　　转发(1)　收藏　评论

视频: 实拍西安在建工地垮塌 70户居民撤离 http://t.cn/zOyDyeI

今天13:50　来自新浪视频　　　　　　　　　　转发　收藏　评论

视频:亚洲动物基金公布纪录片驳活熊取胆无痛论 http://t.cn/zOyeD3v

今天13:42　来自新浪视频　　　　　　　　　　转发　收藏　评论

图1—1　利用微博推广内容

专题现在已成为网络媒体在重要事件报道中的常规模式。因此网络编辑人员需要培养信息整合的能力，梳理好庞杂而分散的网络信息。

五　策划

转载其他媒体的信息最终只会形成网络内容同化的结果，只有通过策划工作，提高原创内容的质量，才能在网络媒体的竞争中突出特点，形成优势。因此策划已成网络编辑工作的重要内容。策划是基于对网站新闻的读者定位、栏目规划、受众资源、网站自身资源的综合因素的认识，以新闻专题、网络线上活动、线下实体活动、增加服务内容、开辟栏目等形式表现出来（见图1—2）。

图1—2　搜狐教育频道自办栏目及活动

第二节　网络编辑业务的特点

与纸质媒体、电视、广播编辑相比，网络编辑业务具有很多独特的地方，只有充分认识到这些网络媒体的特质，我们才能更好地进行网络编辑工作。

一　超链接式编辑

超链接式编辑方式最大的特点是思维发散性、关联性，这种基于万维网超链接技术的编辑方式明显不同于以往传统媒体。网络媒体可通过超级链接将文字、图片、动画、视频、音频等各种资源糅合在一起，还可以通过超级链接将相关新闻事件整合起来，超链接之所以能够广泛使用，是因为其更加符合我们的思维方式。我们在观看电视节目或者阅读报纸信息的时候，即便我们遇到了感兴趣的信息点，电视媒体和纸质媒体无法提供这个信息点的更多资料，而且传统技术的电视节目没有提供暂停让观众思考的时间，观众即便产生疑惑，也只能继续观看视频，而网络媒体的受众在获取信息时则更加主动，他们可以通过超级链接任意跳转，打破了线性思维的局限。因此，引入了超链接的网络媒体常常将潜在的有价值的信息通过链接附加在新闻中，尽可能地满足用户的多种信息需求（见图1—3）。

板块个股

　　传媒娱乐板块午后再现强势，现涨超2%，中上涨幅榜前列。个股，中文传媒涨4%，时代出版(12.41,0.68,5.80%)、浙报传媒(16.24,0.64,4.10%)、天威视讯(22.340,2.03,10.00%)(17.60,0.71,4.20%)等亦涨幅较大。

　　汽车板块午后走高，现整体上涨2.75%。其中，亚星客车(8.08,0.37,4.80%)、一汽富维(22.31,1.56,7.52%)、比亚迪(26.74,0.97,3.76%)、长安汽车(4.55,0.24,5.57%)、上汽集团(15.90,0.62,4.06%)、江铃汽车(23.10,0.87,3.91%)(微博)等均有较大涨幅。

　　券商板块盘中突然飙升，快速拉高3%，冲上涨幅榜首位。个股涨幅均超2%。其中，东吴证券(7.55,0.69,10.06%)涨停，光大证券(11.55,0.61,5.58%)、方正证券(4.82,0.31,6.87%)(微博)、长江证券(8.45,0.38,4.71%)、兴业证券(11.44,0.44,4.00%)(微博)均涨超3%。

图1—3　新闻正文的超级链接

二　全时化编辑

　　全时化编辑主要体现在重大事件、突发事件的反应能力上，网络媒体大都采用网络直播、滚动新闻、微博讨论等方式及时地报道新闻，更新新闻内容。与固定的报纸杂志的出版周期、电视台的节目安排相比，新闻网站处于一直全天候"在线"的状态，因此，网络媒体可在时效性、可用性上大大领先。另外网络媒体的信息发布主体除了网络编辑人员之外，还有使用博客、微博自主发布信息的机构和个人，这也使得网络媒体的信息发布接近"实时"。在网络除了可以第一时间发布新闻信息外，还可以在新闻发布后进行修改和删除，但是报纸杂志出版之后、电视节目播出之后，都是无法再进行编辑调整的。

全时化编辑要求网络编辑人员能够快速反应且能连续作战。这一点常常体现在网站的招聘要求中。例如：

> 凤凰网媒资视频编辑任职要求
> ● 工作有效率；
> ● 热爱新闻行业、历史、时事等新闻并有一定新闻认识基础；
> ● 具备进取心、求知欲及团队合作精神；
> ● 能接受周末及节假日加班及各种值班任务；
> ● 新闻、国际关系等相关专业本科毕业生。
> 资料来源：http：//career. ifeng. com/job/experience/content/2

三　多媒体编辑

纸质媒体编辑一般处理文字稿件较多、电视媒体编辑处理视频较多，但是网络编辑需要处理的信息载体非常丰富，因为互联网集成了所有形式的信息，除了文字、视频、图片之外，还有网页、动画、音频等等，而且随着技术的进步，用户浏览信息的设备也出现了变化，由早期的计算机逐渐演化为手机、平板电脑，这些新型的信息设备对内容的编辑提出了新的挑战，以上这些特征都要求网络编辑是多面手，了解多种载体的基本知识，掌握多种媒体的基本编辑技能。

四　数据库化编辑

与传统媒体不同，网络媒体的内容通常存储在数据库中，包括新闻正文、新闻评论、点击量等等。这些信息编辑人员可以通过内容管理系统进行查询和管理。编辑人员除了常规的内容编辑之外，还要善于利用网络数据存储及查询的优势，建设和所在行业有关的数据库产品，进行差异化竞争，提高网站的影响力和吸引力。如教育频道通常会建设高校数据库、培训机构数据库，汽车频道有车型数据库、生产厂商数据库，娱乐频道会有明星数据库、影视资料数据库，财经频道会有基金数据库、股票数据库，体育频道会有比赛数据库、球员数据库，等等，这些数据库的建设是网络媒体的独特特征，一旦建成后，可以通过网站提供给广大用户查询，有利于网站的长期发展。

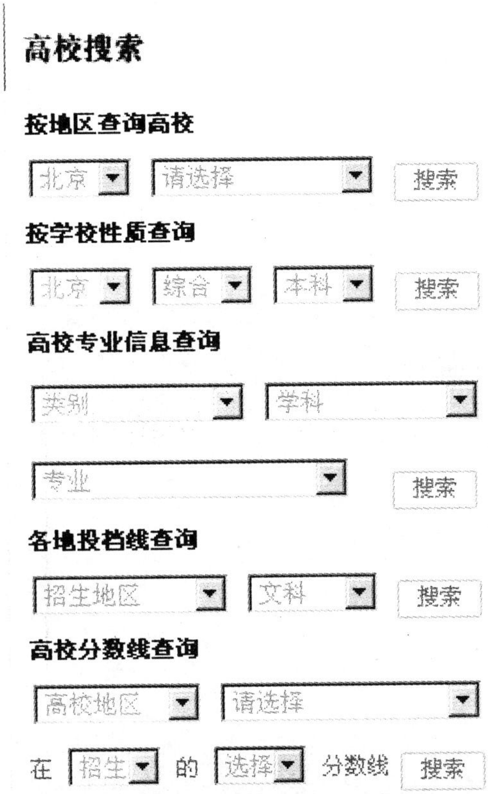

高校搜索

按地区查询高校

| 北京 ▼ | 请选择 ▼ | 搜索 |

按学校性质查询

| 北京 ▼ | 综合 ▼ | 本科 ▼ | 搜索 |

高校专业信息查询

| 类别 ▼ | 学科 ▼ |

| 专业 ▼ | 搜索 |

各地投档线查询

| 招生地区 ▼ | 文科 ▼ | 搜索 |

高校分数线查询

| 高校地区 ▼ | 请选择 ▼ |

在 招生 ▼ 的 选择 ▼ 分数线 搜索

图1—4　搜狐教育频道高校数据库

五　交互性编辑

网络媒体一直以其多样的交互性著称，除了早期的 BBS、跟帖评论外，广泛使用的交互手段有在线调查、在线测试、微博话题、新闻表情、社会化分享、互动 Flash、新闻搜索、排行榜等等。随着网络的演进，新闻网站可以使用的交互方式仍在不断丰富的过程中（见图1—5）。

编辑人员还需要经常浏览管理论坛、博客、微博的活跃用户，组织热门话题，维护用户热情，引导活跃用户的内容生产。除了编辑人员和用户双方的信息交流外，还可以组织记者编辑、专家学者、政府官员等与网民进行互动，从而实现多方互动。

　　新浪科技使用中国移动（微博）号码拨打中国联通客服电话，客服人员表示故障原因暂时不明，但有关部门已经在解决相关问题，预计1小时之内网络将恢复正常。

　　新浪科技针对此问题发起了一项微博调查。截至15：00时分，参与人数达到330多人，80%的参与调查者表示遇到网络故障。(萧然)

　　更新： 截至16：00时分，此次故障调查参与人数已达900多人，故障人数比例已开始回落，部分网友回复中称，网络信号正常。

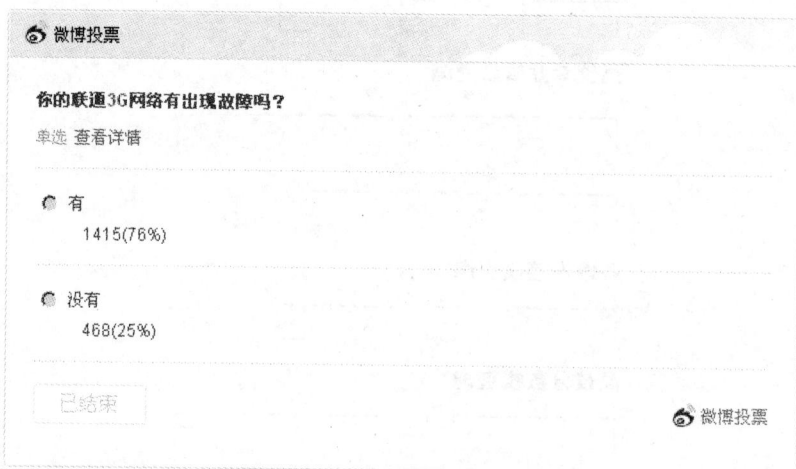

图1—5　新浪科技频道的调查投票

　　交互性编辑还体现在用户对网站内容的影响上。编辑人员通过技术手段可以很容易地知道人们正在线阅读和评论什么，花了多少时间在一篇文章上，甚至是每一篇文章带来的广告收入，网站据此可更有效地安排资源。

第三节　网络编辑的职业素养

一　良好的知识结构

　　丰富的知识储备是做好编辑工作的立身之本，学界业界不断有人强调编辑的知识结构应该具备博与专的融合。新闻敏感的培养，新闻价值的判断需要编辑人员有广阔的视野和知识积累，新闻专题的策划、栏目频道的创设又需要编辑人员对所在领域有深入的了解和独到的见解。一般认为，新闻编辑知识结构由三类组成：基础知识、新闻专业知识、所在行业的专业知识。

所谓基础知识指的是文史哲等方面的知识，虽然说网络媒体融合了多种媒体的优势，但日常大量的信息还是以文字为主，其他信息为辅，网络编辑人员主要从事的还是文字工作。因此，要求网络编辑人员要有较好的驾驭文字的能力。

新闻专业知识主要是指新闻学、新闻史、传播学等新闻理论知识和新闻编辑、采写、评论、版面设计之类的专业性技术性较强的新闻类知识。新闻专业知识的基础将影响网络编辑人员对新闻价值的判断。

需要具德所在行业的专业知识是网络编辑工作的分工使然。随着网络的发展，新闻网站的频道越来越细化，力求在某个特定的领域做到全面和深入，这样的细分致使网络编辑人员也必须具备所在频道或者栏目的专业知识，顺应互联网的发展潮流。

二　道德修养

在网络中一些格调低下或虚假的信息有时会受到追捧，编辑人员如果没有强大的道德素质和社会责任感，往往会被网友牵着鼻子走，暂时抛弃媒体的社会责任，一味追求网络点击量，最终造成恶劣影响。坚持正确的舆论导向是网络编辑必须遵循的原则，是网络媒体生存发展的前提，网络新闻编辑应以高度负责的态度，担负起媒体应有的责任。

三　法律素养

互联网在中国的发展与其他国家类似，走的是"技术先行，法律补缺"的道路。在我国网络媒体发展早期相关法律存在监管不明或空白，致使网络媒体在相当一段时间内普遍存在漠视版权的问题。随着网络发展，国家相关部分出台了多部法规和规定条例。网络编辑作为网上信息采集、编辑和发布的主要人员，要具备一定的法律常识，这不仅有助于网络编辑自身对网上各类信息合法性的判断，也有助于规避法律风险。

在网络转载方面，网络编辑需要明确知晓的是，所转载作品所在单位是否与网站有转载协议或合作协议。否则除"合理使用"之外，网络编辑对某一作品的转载，均需取得著作权人的许可。

除了尊重知识产权之外，编辑人员还要避免制作、发布、传播有害信息。我国法律法规禁止在网络上传播的有害信息主要包括：反对宪法所确定的基本原则的；危害国家安全，泄露国家机密，颠覆国家政权，破坏国家统一；损害国家荣誉和利益；煽动民族仇恨、民族歧视，破坏民族团结；破坏国家宗教政策，宣扬邪教和封建迷信；散布谣言，扰乱社会秩序，破坏社会稳定；散布淫秽、色情、赌博、暴力、凶杀、恐怖或者教唆犯罪；侮辱或者诽谤他人，侵害他人合法权益以及含有法律、行政法规禁止的其他内容的信息。

网络编辑人员需要熟练掌握的法律法规有：《全国人民代表大会常务委员会关于维护互联网安全的决定》、《信息网络传播权保护条例》、《互联网信息服务管理办法》、《中华人民共和国电信条例》、《互联网新闻信息服务管理规定》等。

四　技术素养

技术素养主要是指与互联网相关的操作技能，主要包括使用网络获取信息、评价信息的能力，使用内容管理系统快速发布信息的能力，使用Photoshop、Dreamweaver 等网络编辑软件编辑内容的能力，使用 HTML、CSS、JavaScript 等网页制作和维护相关新闻专题的能力。另外网络编辑人员还应会一些搜索引擎优化（SEO）的知识，以便更好地推广新闻信息。

第 二 章

网站内容管理系统的使用

　　20世纪90年代，万维网和图形式浏览器出现之后，互联网进入了爆炸式增长阶段，涌现出大量的网站，早期大多数网站借助于网页设计软件（类似于 Front Page、Dreamweaver 等）来进行管理，随着网络内容以及应用的丰富，网站需要投入大量人力和物力来处理信息更新和维护工作，并且手工管理效率低下，容易出错，应用难度较高，许多工作需要技术人员配合才能完成，角色分工不明确，改版工作量大。

　　进入21世纪后，在网站建设领域，出现了运行于服务器端的内容管理系统（Content Management System）。内容管理系统从本质上来说，是运行于服务器端的可通过浏览器访问的软件。内容管理系统与之前的网站建设工具相比，效率更高，减少了大量重复性的工作，同时，内容管理系统可赋予用户不同的权限，从而明确了网站工作人员的分工，如为编辑、美工、主编设置权限，使之各司其职而不越界。内容管理系统的应用，对于网络编辑工作而言，使得编辑人员的工作重心从全能型的信息发布转变到了编辑工作的核心——信息的选择、核实及组织。

　　随着互联网的发展，几乎所有的网站都使用内容管理系统来管理和建设，因此，网络编辑人员应该非常熟练地使用内容管理系统。

第一节　常见内容管理系统

内容管理系统，以下简称 CMS，可从著作权形式上分为开源① CMS 和商业 CMS，一般而言，小型站点大都采用开源 CMS，而大型的商业网站，多采用自行开发的 CMS。按照开发语言的不同，CMS 的平台可以分为 PHP、ASP、JSP 等等，在我国，商业网站自行开发的 CMS 多以 JSP 为开发语言，而开源 CMS 的阵营主要以 PHP 为主。不同的内容管理系统功能侧重点也有所不同，有的以论坛管理为主，如 Discuz 和 Phpwind，有的以电子商务网站为主，如 ShopEx、Ecshop 等，有的则以博客管理为主要功能，如 wordpress。多数 CMS 适合建设综合性网站，国外比较著名的 CMS 有 Drupal、Joomla，国内使用较多的有 DedeCMS、PHPCMS、Super-Site 等等。但不管哪一种类别的 CMS，从网络编辑人员的角度来讲，它们的使用方法没有本质的区别。

一　论坛类 CMS

在我国，论坛类 CMS 市场占有率最高的是 Discuz，Discuz 是康盛公司推出的一个以社区为基础的专业建站平台，让论坛（BBS）、社交网络（SNS）、门户（Portal）、群组（Group）、开放平台（Open Platform）应用充分融合于一体，帮助网站实现一站式服务。

2010 年 8 月，Discuz 被腾讯收购，在腾讯的支持下，新增了 QQ 互联登录、QQ 群推送等和 QQ 相关联的功能。Discuz 的功能设计非常贴近中国广大网民的实际需求，我国大部分网站的论坛都采用 Discuz 搭建，经过多年的发展，并且加上 QQ 庞大用户蕴涵的市场前景，Discuz 已经成为事实上的论坛类 CMS 的代名词。

---

① 开源（Open Source），是开放源代码的缩写，开放源代码是一种哲学思想，主要观点为软件应该免费分发，并且软件的使用者能够接触到产品的设计细节。简而言之，就是软件不仅免费，而且还可以得到软件的源代码。

图 2—1　Discuz 论坛

　　Phpwind 是 Discuz 的强劲对手，最早发布于 2003 年，经过多年积累，Phpwind 不再是简单的论坛管理程序，已发展成为包含 BBS、Blog、SNS 等一系列程序的通用型建站软件。至今累计已有超过 120 万网站使用 Phpwind。和 Discuz 类似，Phpwind 专注于中小网站应用的整合和价值的发掘，以社区为网站的基础，提供丰富的应用，满足人们获取信息、交流、娱乐、消费等生活需求，获得归属感，成为人们的网上家园。Phpwind 于 2008 年加入阿里巴巴集团，在阿里云计算的技术支持下，能帮助中小网站降低成本，产生更多的广告价值和电子商务价值。Phpwind 被阿里巴巴集团收购后，有了快速的发展，在市场占有率上有了长足的提升，一些门户网站的论坛也采用了 Phpwind 来建设。图 2—2 为中国雅虎的论坛截图，使用的就是 Phpwind。

二　博客类 CMS

　　博客类 CMS 经过多年的发展，形成 wordpress 一枝独秀的局面。wordpress 的优势在于其简单易学、功能可按需扩充，但最大的优势在于 wordpress 有着世界范围内的庞大而热情的用户群体，这个群体共同参与并完善 wordpress 的设计，wordpress 的核心部分是由志愿者完成，另外，用户

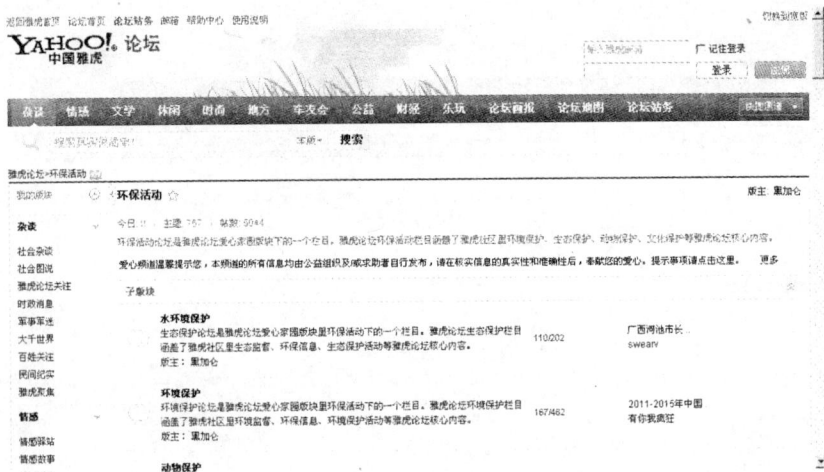

图 2—2　Phpwind 应用——中国雅虎论坛

群体中的志愿者还设计了数以千计的插件和主题，甚至 wordpress 的帮助文件都是由网友编写并翻译，正是这种"开放、分享"的开源精神使得 wordpress 保持着对用户需求的敏锐关注及快速响应，可以这样说，word-press 不仅仅是一个网络建设工具，它更像是一个见证网络促进人类自发合作的实验项目。

作为网络编辑人员，我们必须培养自己的互联网特质。从 wordpress 项目上，我们可以看到"开放、对等、分享以及全球运作"的互联网特质，随着网络科技的发展，人们为 "digital commons"（数字公地）做出自己贡献的时候只需要花费极低的成本，这使得集体活动更具吸引力，人们可以分享知识和其他资源，以创造一系列广泛的任何人可使用或可修改的免费和开放的产品和服务。素有"数字经济之父"美誉的新经济学家唐·泰普斯科特在其著作《维基经济学》中认为这种利用大规模协作生产产品和提供服务的新方式，正颠覆着我们对于传统知识创造模式的认识。作为网络编辑人员，我们应该善于接受并利用这种新的方式。

wordpress 的应用也非常广泛，大到企业应用，小到私人日志，无所不能。世界著名博客网站 wordpress.com 就是采用 wordpress 内容管理系统建设的，据 Alexa 网站统计，wordpress.com 全球访问量排名第 18 位（见图 2—3），仅次于新浪网。

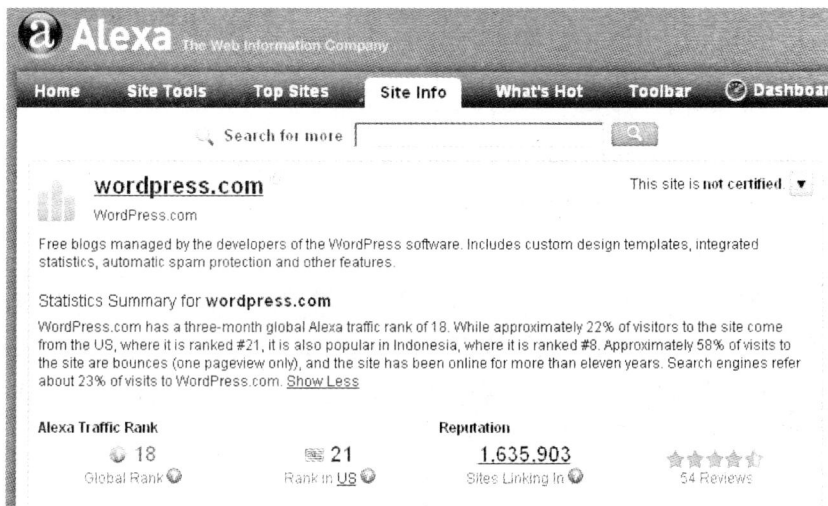

图2—3　**wordpress. com** 访问量全球排名

　　在我国，采用 wordpress 内容管理系统建设的站点不胜枚举，大多数为个人独立博客和企业站点，企业站点中较有名气的是最早的博客网站之一博客大巴（blogbus. com）以及享有盛誉的南方周末的网站（infzm. com）。[①]

三　综合性 CMS

　　综合性 CMS 适合于建立信息类型比较复杂、板块较多的网站，比如包含论坛、新闻、博客、社交、在线调查等应用，综合性 CMS 由于需求量巨大，所以产品非常丰富，有传统的商业 CMS，也有开源免费的 CMS，单就开源平台而言，可以分为国外开源 CMS 和国内开源 CMS。国外开源 CMS 中的代表为 Drupal 和 Joomla，国内开源 CMS 以 DedeCMS、PHPCMS 等为代表。

------

　　① 博客大巴和南方周末网站内容管理系统都是在 wordpress 系统之上进行二次开发而成，并非直接采用 wordpress 的官方版本，但这也正好说明 wordpress 的灵活和开放优势。而实际上，不管哪一种内容管理系统，都面临着如何灵活地适应不同网站需要的问题，只不过，wordpress 在这方面更加灵活。

Drupal 在国外的应用非常广泛，美国白宫、《经济学家》杂志、普利策奖、奥巴马官方网站等知名个人及机构都采用 Drupal 作为网站内容管理系统。企业用户多偏爱采用 Joomla，诸如索尼、起亚、麦当劳、通用甚至 ebay 都使用 Joomla 作为其网站管理系统。Drupal 和 Joomla 虽然在国外红红火火，但由于其外观设计、使用习惯并不十分符合中国国内的需求，所以其在中国市场上应用较少，不过在中国台湾地区，Drupal 和 Joomla 拥有一定市场份额。

在我国大陆市场上，开源综合 CMS 市场占有率较高的是 PHPCMS、DedeCMS、Supersite 等，其中 PHPCMS 市场份额较高，PHPCMS 在 2010年 7 月被有着雄厚资金基础的盛大网络收购后，推出了其最新版本 PHPC-MS V9（见图 2—4），在易用性和安全性能上有较大提升。

图 2—4　PHPCMS 官网首页

PHPCMS 广泛应用在政府机构、媒体出版、学校教育、地方门户等，比较典型的用户有清华大学、北京大学、复旦大学、华媒网、知音杂志、中国网络电视台游戏频道、蒙牛官网、黑龙江在线等等。

第二节　CMS 的安装

互联网发展至今，几乎大大小小的网站都使用网站内容发布系统发布、管理信息，网络编辑就是通过 CMS 发布内容的，因此网络编辑人员应该熟练使用 CMS。下面就以 PHPCMS 为例，说明 CMS 的安装及使用。需要说明的是，CMS 的安装一般不是由网络编辑人员完成，但作为网站从业人员，对 CMS 有较为深入的了解，对于提高网络编辑人员的业务素养大有裨益。

一　准备 PHPCMS 安装环境

PHPCMS V9 是基于强大的开源平台 LAMP（Linux + Apache + Mysql + PHP）开发而成，LAMP 以其廉价的构建成本、高效的运行性能以及良好的可维护性，近年来吸引了大量国内外互联网企业的使用。

为模拟实际网站运行，我们需要在本地计算机上创建 Apache、Mysql 和 PHP 运行环境，在 Windows 操作系统下，我们可以使用集成软件包 WampServer 快速完成 Apache、Mysql 和 PHP 运行环境的准备工作。WampServer 下载地址为 http：//www.wampserver.com/en/（见图 2—5）。

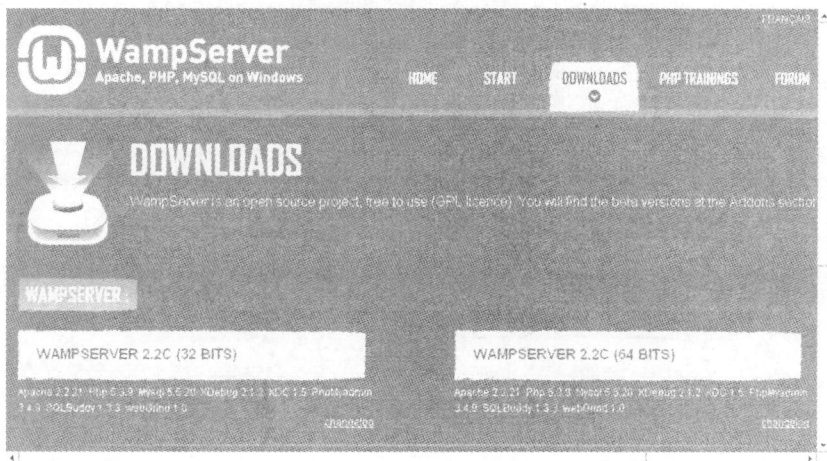

图 2—5　下载 WampServer

在 WampServer 站点下载合适的版本后运行安装程序，设置安装路径（本文设置为 d：\ wamp），安装后启动 Wamp，在其系统栏中的图标上按右键，设置语言为中文（见图 2—6）。

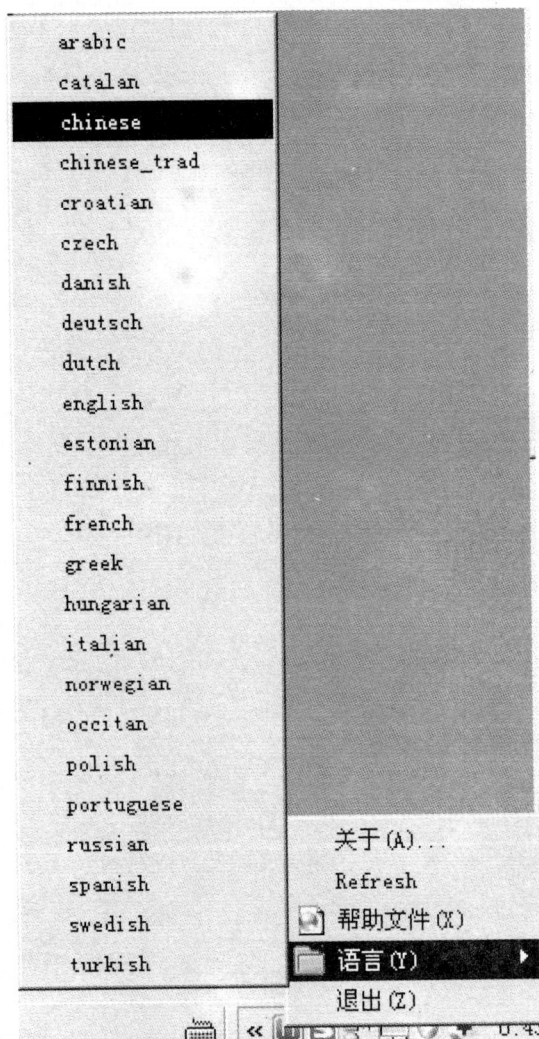

图 2—6 设置 Wamp 语言

打开浏览器,在地址栏中输入 http://127.0.0.1,如能看到以下界面(见图 2—7),说明 WampServer 安装成功。

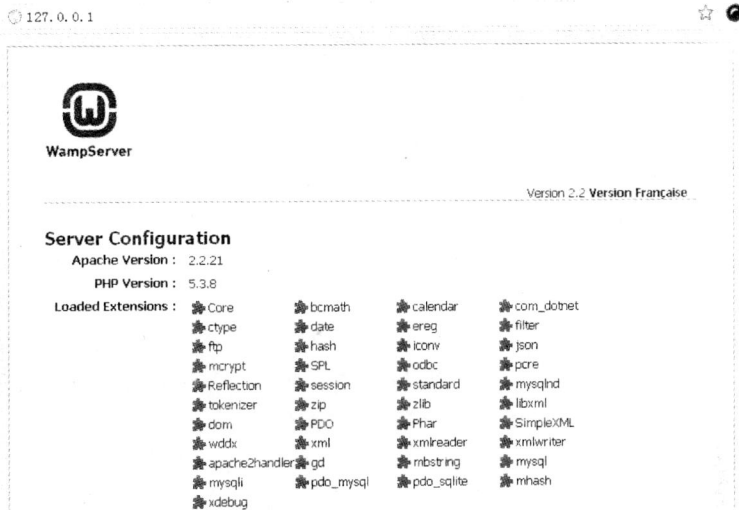

图 2—7 WampSever 安装成功

二 下载 PHPCMS 最新版本

打开 PHPCMS 官方站点 www.phpcms.com，下载 PHPCMS 最新版本，下载完成后将压缩包中的 install_ package 文件夹复制至 wamp 安装路径（前文的设置为 d：＼wamp＼）下的 www 文件夹中，并修改文件夹名为 phpcms（见图 2—8）。

图 2—8 PHPCMS 安装文件

三 在本地计算机上安装 PHPCMS

打开浏览器，在地址栏中输入 http：//127.0.0.1/phpcms/install.php，就可在本地计算机中安装 PHPCMS。PHPCMS 安装程序会检测运行环境，并让用户选择安装模块，设置文件权限。

四 填写必要信息

在账号设置环节（见图 2—9），如果没有修改 wamp 默认设置的话，这里的数据库账号为"root"，密码为空，填写电子邮箱地址后，进入正式安装过程。

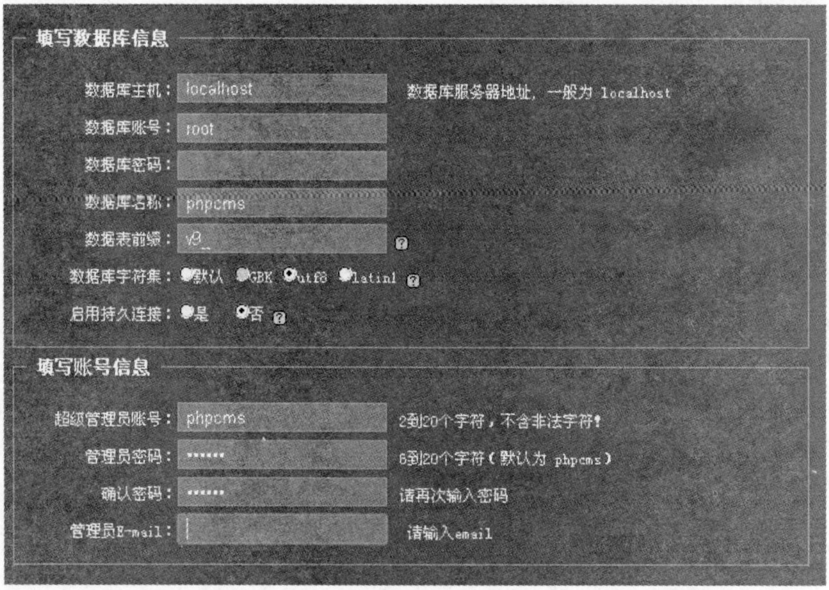

图 2—9 安装 PHPCMS

五 完成安装

上述安装步骤完成后，应该能看到如下界面（见图 2—10）。至此，我们就在本地计算机上完成了 PHPCMS 的安装，可以在本地计算机模拟网站的编辑和管理工作。

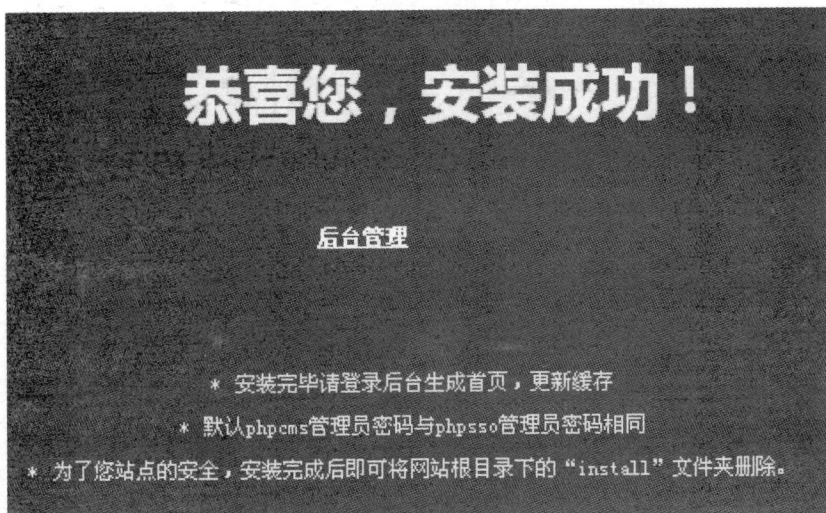

图2—10　PHPCMS安装成功后的界面

第三节　CMS的使用

完成上述 PHPCMS 的本地安装过程后，我们只是拥有了一个功能强大的网络内容管理系统，网站内容的规划、更新还需要网站工作人员协作完成。

一　添加栏目

启动浏览器，在地址栏中输入 http：//127.0.0.1/phpcms/admin.php，打开 PHPCMS 后台管理登录界面（见图2—11），输入用户名和密码登录（如果在安装时没有修改用户名和密码的话，默认用户和密码均为 phpcms）。

首先我们进行栏目设置，增加"国内新闻"、"国际新闻"、"科技新闻"、"新闻图片"四个栏目。

进入 PHPCMS 后台管理界面后，点击导航条中的"内容"菜单，再选择左侧菜单中的"管理栏目"，然后选择"添加栏目"进行网站栏目的设

图 2—11　PHPCMS 后台管理登录界面

置。"国内新闻"、"国际新闻"、"科技新闻"栏目在"请选择模型"下拉单中选择"文章模型","新闻图片"栏目在"请选择模型"下拉单中选择"图片模型"。其他栏目设置内容暂时设置为默认值（见图 2—12）。

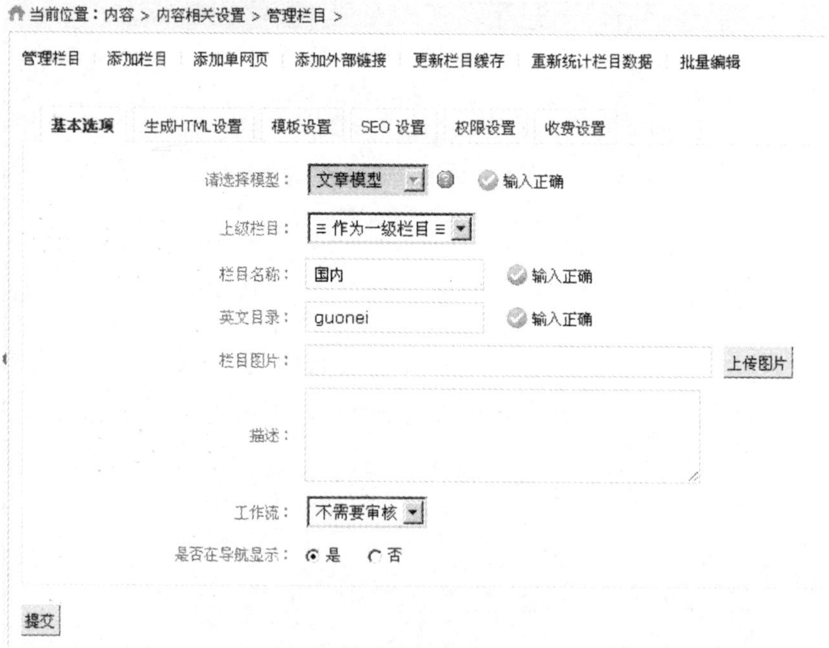

图 2—12　PHPCMS 栏目设置

栏目设置完毕后，选择"更新缓存"，让内容管理系统生成最新的页面，这时再打开网站首页，我们将会看到如下栏目（见图2—13）。

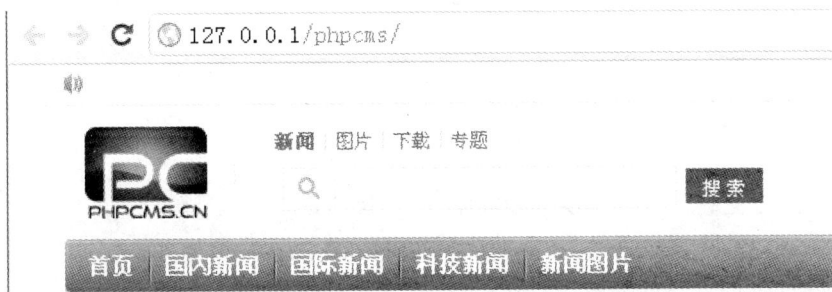

图2—13　栏目设置效果

二　添加不同角色的用户

角色是用户在某个环境中的身份，这个身份拥有某些相匹配的权限。角色也是一种自定义权限的集合，您可以建立多个角色，并给每个角色指定多个权限。例如网站中的总编辑、频道主编、编辑都是一种角色。每一个角色拥有一系列权限，而这些权限是相对固定的。

在网站中，一般的业务组织结构如图2—14所示：

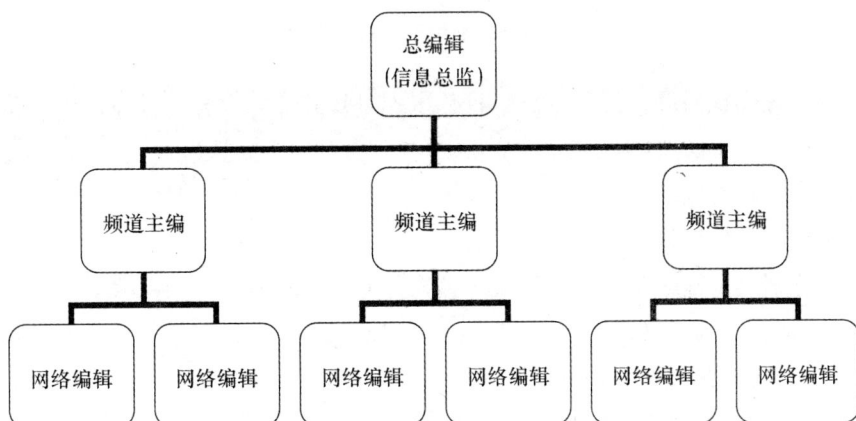

图2—14　网站组织结构图

在这种金字塔式的结构中，网络编辑人员只具有本频道信息的发布、修改权限，频道主编不但具有网络编辑人员权限，还有可能具有信息统计、频道内容调整的权限。总编辑则拥有整个网站内容的权限。

大多数 CMS 中，都具有设定这种业务权限的功能，具体在 PHPCMS 中的设置如下：

打开浏览器，进入 PHPCMS 后台管理页面，选择"设置"—"管理员设置"—"角色管理"，打开角色设置页面，添加"总编辑"以及四个频道的"主编"和"编辑"角色。以科技频道编辑为例，点击科技频道编辑对应的"权限设置"，勾选"内容"选项中的"内容发布管理"和"发布管理"。结果如图 2—15 所示：

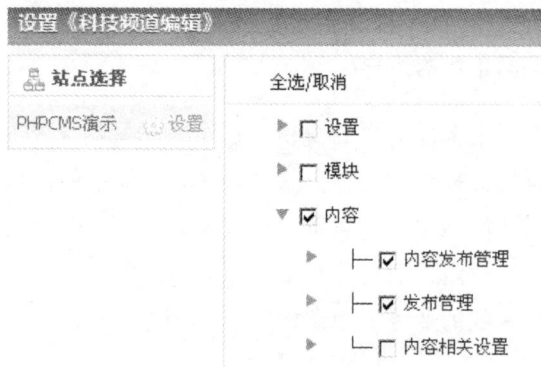

图 2—15　网络编辑权限设置

设置完权限后，还要设置栏目权限，科技频道编辑只能发布修改科技频道信息，不能对其他频道中的信息进行操作。在 PHPCMS 中，选择科技频道编辑对应的栏目权限，只勾选"科技新闻"，点击提交按钮即可完成设置。具体设置如图 2—16 所示：

分别设定好各个频道主编及编辑人员的角色之后，我们需要添加承担这些角色的人员，如"王小强"为科技频道网络编辑，"李小明"为科技频道主编，"张大拿"为网站总编等。

以安装 PHPCMS 时的默认账号进入 PHPCMS 后台管理页面，选择"设置"—"管理员设置"—"添加管理员"，输入用户名、密码、邮箱等基本信息，在"所属角色"下拉单中选择具体角色，点击提交按钮，

图 2—16 网络编辑栏目权限设置

完成网络编辑人员账号的设定。之后，网站编辑人员就可各自登录，执行各自的工作职责。

三 新闻发布及修改

普通网络编辑人员日常大量的工作就是搜集信息，利用 CMS 快速发布信息。网站对网络编辑的考核中，一般有工作量的指标。因此，使用 CMS 发布信息是每一个网络编辑必须熟练掌握的技能。以下以虚拟的"科技频道编辑王小强"为例，说明如何利用 CMS 发布信息。

首先，启动浏览器，使用之前设置的"王小强"的用户名和密码登录到管理后台界面。按照之前的设定，"王小强"为科技频道编辑，他只能对科技新闻频道的内容进行操作（见图 2—16）。

登录后，选择"内容"—"内容发布管理"，点击"添加内容"按钮，CMS 会弹出"添加内容"的页面（见图 2—17）。

在"添加内容"页面中，依次填入标题、关键词、来源、摘要、内容等信息后，点击保存按钮后，内容管理系统会将编辑人员输入的信息保存到数据库中，并自动更新相关的页面，比如文章正文页、频道首页、网站首页等，大大减轻了网络编辑人员的工作量，并降低了出错的可能。

在默认情况下，PHPCMS 会将文章前 200 字作为摘要，这种自动生成的摘要并不能体现出新闻看点。因此，编辑人员应该发挥主观能动性，提

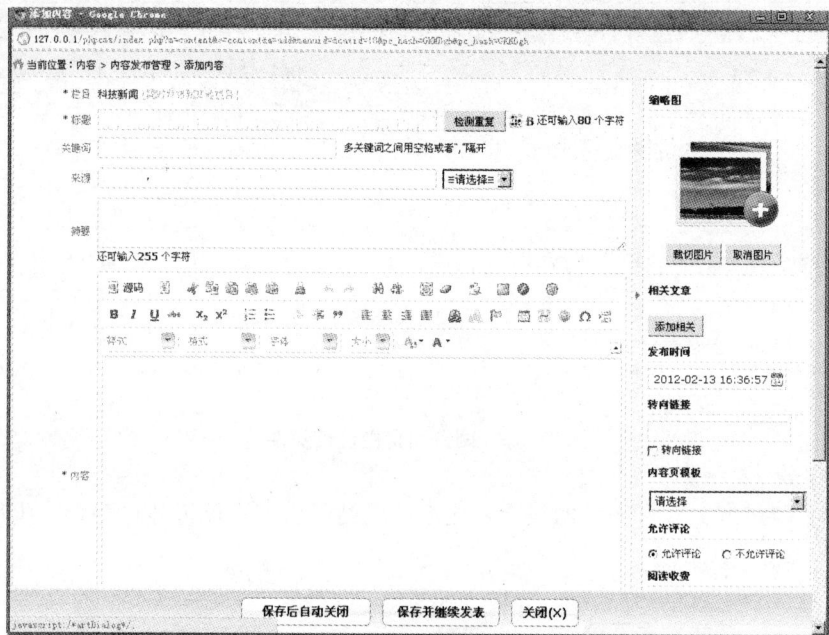

图2—17　添加栏目内容

取新闻信息中的要点，自行编写摘要，为网友浏览信息提供准确信息，在
点滴中塑造网站品牌。

　　文章发布后，编辑人员还可以进行修改、删除操作。另外，编辑还可
以根据新闻价值的大小，对某条新闻进行推广（见图2—18）。

图2—18　新闻推荐设置

　　以上仅为网络信息发布的最基础操作，并没有完全体现出网络媒体
"超链接、互动、海量数据库"的优势。PHPCMS中可以使用的互动手段
有新闻评论、新闻标签、新闻分享和网络投票，还可以根据新闻的相关
性，从数据库中列举出相关新闻。编辑人员只有有效利用这些手段，才能
充分发挥网络媒体的优势，提高用户在站浏览时间。

四　投票调查的制作及发布

网络投票调查是常见的网络互动形式，以其便捷、直观的优势吸引着网友的参与，在合适的新闻选题上设置网络投票调查，对于网络媒体而言，能够彰显媒体影响力，掌握网民意见风向，增加用户黏度。因此，网络编辑人员应该合理、充分地利用网络投票。

在 PHPCMS 中，投票的设置如下：

进入管理后台，选择"模块"—"投票"—"添加投票"，在弹出的窗口中，可以设置投票标题、选项类型（单选或多选）、具体选项、投票起止时间等（见图 2—19）。

图 2—19　添加网络投票

网络投票一旦添加成功，就可以在任意新闻正文页面、新闻专题首页或者网站首页中调用。

第 三 章

网络信息收集及管理

　　根据《互联网站从事登载新闻业务管理暂行规定》，非新闻单位建立的互联网站经批准可以转载传统媒体的新闻，但不得登载自行采写的新闻和其他来源的新闻。这使得我国大多数商业网站的新闻业务主要以转载为主，虽然在实际操作中，商业网站（指非新闻单位建立的网站，如新浪网等）在体育、科技、时尚等方面也有少量由记者采写的新闻，但从总体而言，在目前的政策环境下，网络编辑的主要任务还是根据网站定位，按照新闻价值，及时转载传统媒体编发的新闻稿件。

　　在这种以转发为主要模式的新闻网站中，网络编辑面临的主要问题是如何全面监控新闻来源以及如何快速有效地核实新闻内容。

　　在我国互联网发展早期，网站花费很少的代价就可以获取传统媒体生产的内容。随着网络媒体之间竞争的加剧和知识产权保护力度的加大，获取传统媒体内容的成本逐年递增，大多数网站基本上同传统媒体内容提供者建立了合作关系，以新浪网为例，达成合作协议的传统媒体超过500多家，单就某个频道而言，其合作伙伴最少也有十几家之多。网络编辑的日常工作要求之一，就是必须快速浏览合作伙伴提供的新闻原料。

第一节　建立可靠的信息来源库

　　早期的浏览器，虽然可以收藏网址，可一旦计算机出现故障，用户苦心收藏的资料很有可能随之消失，近年国内外推出的浏览器，基本都有所谓"云存储"的数据同步功能，网络编辑人员可以利用这一功能，建立可靠的信息来源资料库，同时打开多个信息源进行浏览，从而高效获取信息。

一　下载并安装浏览器

谷歌公司推出的 Chrome 浏览器，带有数据同步功能，下载地址为：http：//www. google. cn/chrome/。具体见图 3—1。

图 3—1　下载浏览器

二　开启数据同步功能

启动 Chrome 浏览器后，选择 按钮，打开“选项”面板，选择“个人资料”。见图 3—2。

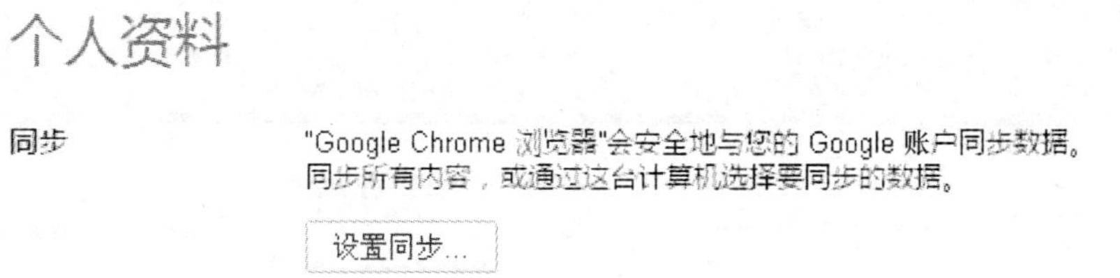

图 3—2　使用同步功能

　　点击"设置同步"按钮，在弹出的窗口中输入 Google 账号即可开启数据同步功能。开启数据同步功能后，用户在浏览器中的"书签"会被自动保存到谷歌公司的服务器上，实现所谓的云存储。这样网络编辑人员可在任何一台电脑，甚至平板电脑上，使用平时收集整理的众多合作伙伴的网站地址。

三　建立合作伙伴网站地址数据库

　　通常情况下，网站主编或者频道负责人都会把网站合作伙伴列表通知到具体的网络编辑人员，网络编辑人员可以将其网站添加到浏览器书签中，并建立文件夹（见图 3—3）。

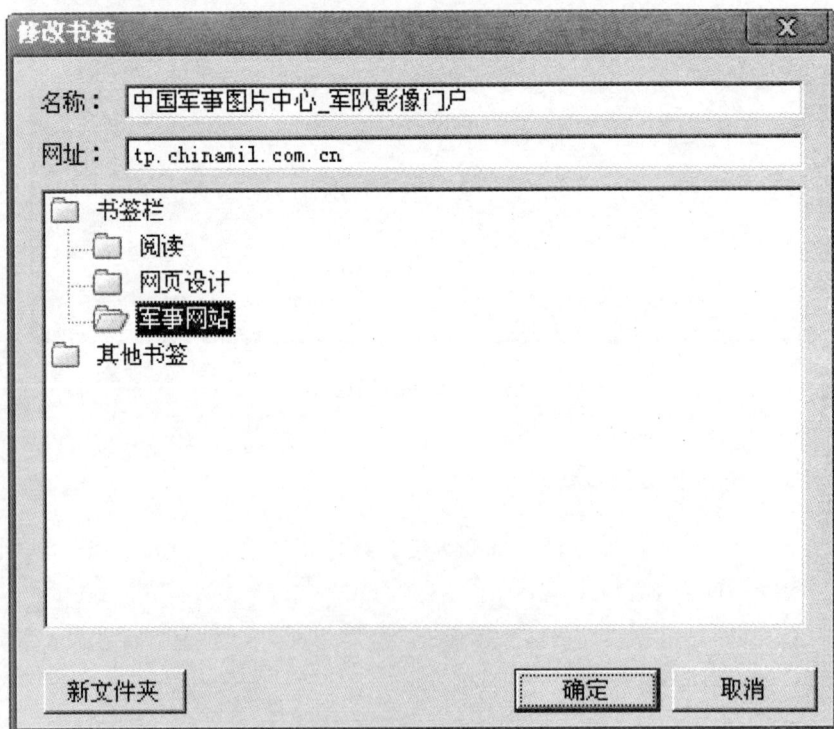

图 3—3　建立合作网站地址数据库

四　快速打开合作网站

在整理好的书签文件夹上，按右键，弹出快捷菜单，选择"在新窗口中打开所有书签"，就可快速打开所有在文件夹下的网站（见图3—4）。

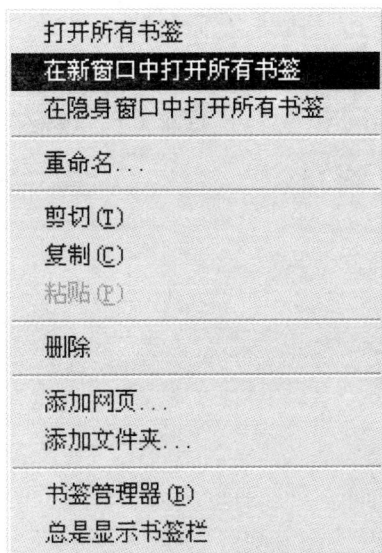

```
打开所有书签
在新窗口中打开所有书签
在隐身窗口中打开所有书签

重命名...

剪切(T)
复制(C)
粘贴(P)

删除

添加网页...
添加文件夹...

书签管理器(B)
总是显示书签栏
```

图3—4　快速打开多个网站

第二节　使用 RSS 订阅多元信息

一　RSS 是什么

RSS 是在线共享内容的一种简易方式（也叫聚合内容，Really Simple Syndication）。通常在时效性比较强的内容上使用 RSS 订阅能更快速获取信息，网站提供 RSS 输出，有利于让用户获取网站内容的最新更新。网络用户可以在客户端借助于支持 RSS 的聚合工具软件，在不打开网站内容页面的情况下阅读支持 RSS 输出的网站内容。

二 RSS 的优势

与使用浏览器访问网站相比，通过 RSS 浏览新闻或者资料，能够快速得到按照时序排列的信息，并且，这些信息还可检索。另外，通过 RSS 阅读器查看信息，能够将作者或者网站发表之后却又删除的信息长久保存，这无疑对核实某些信息是非常重要的。

以曾在网络上引起热议的五道杠少年事件为例，主要当事人黄艺博在承受了诸多网民的批评和调侃后，删除了曾经发表在新浪博客中的博文《开博前言》。见图 3—5：

图 3—5　黄艺博新浪博客首页

但是，由于博客一般都具有 RSS 订阅功能，博客内容一旦发表之后，就会被 RSS 阅读器抓取内容，而抓取成功后，这条信息就会脱离原作者的控制，变成"数字公地"的一部分。以黄艺博的博客为例，删除的博文可在 RSS 阅读器中看到最初的版本，见图 3—6。

网络编辑人员应该建立适合自己岗位及兴趣点的 RSS 资料库，并对 RSS 订阅源进行分门别类的管理，建立自己的专业资料库，通过阅读"意见领袖"观点和行业信息，培养对行业趋势及变化的敏感度，提高网络编辑人员对行业的了解程度，最终增强编辑人员的业务能力。

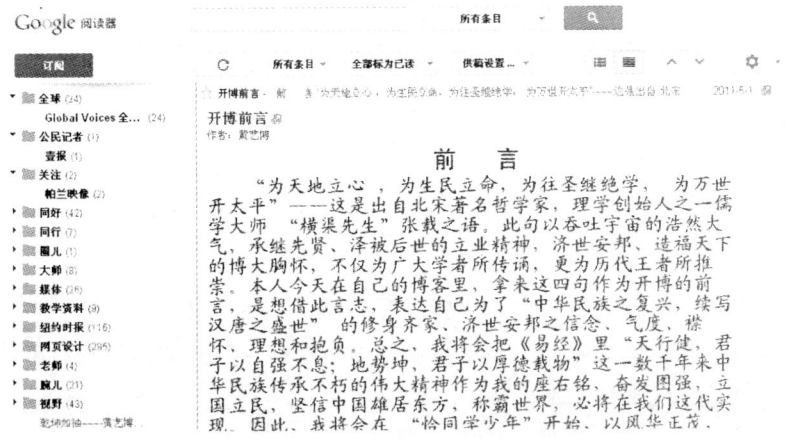

图 3—6　在 RSS 阅读器中能查看已删除内容

三　如何使用 RSS 订阅信息

要使用 RSS 订阅网站信息，用户必须要有 RSS 阅读软件，RSS 阅读软件又分为在线版本和桌面版本。使用较广泛的在线 RSS 阅读软件有 QQ 邮箱、Google 阅读器、鲜果网①、网易阅读等等。

以 Google 阅读器为例，用户登录到 Google 网站，就可免费使用 Google 阅读器，找到有价值的信息源后，只需将其订阅到阅读器即可。需要注意的是，并不是所有的网站都支持 RSS 信息输出，也不是所有的网站都支持全文输出。

图 3—7　在 RSS 阅读器中订阅信息

① 鲜果网（xianguo.com）是国内流行的个性化阅读服务提供商。

第三节　利用搜索引擎收集核实信息

互联网的特性决定了网络信息发布的低成本、低门槛，因此，互联网在提供海量信息的同时，也难免存在失实的、虚假的信息。网络编辑必须善于辨别网络上信息的真伪，对网上的信息进行查证核实。在辨别网上信息真伪时，除了运用已有知识体系进行逻辑判断之外，网络编辑人员还可利用搜索引擎收集核实信息。

一　将搜索结果限定在特定网站

在某些时候，网络编辑人员需要搜索特定的网站以核实信息，一般而言，网站自身提供的搜索功能非常有限，在这种情况下，编辑人员可以利用搜索引擎（如百度或 Google）所提供的"site"关键字，将搜索范围限定在特定网站。

比如，如果想要检索全国人民代表大会网站上关于网络新闻的信息，我们便可以这样搜索：网络新闻 *site：npc. gov. cn*，检索效果见图 3—8。

图 3—8　搜索特定网站

二　搜索特定时间范围内的信息

利用谷歌公司的搜索引擎，网络编辑人员还可以只搜索特定时间段的信息，这个工具对于网络编辑核实某些信息的出处和演变也是非常有用的。需要提醒的是，目前，除了谷歌之外，其他的搜索引擎暂时不支持按照时间范围搜索信息。

在谷歌搜索页面的左侧，用户可以选择时间范围，从 1 小时到自定义时间范围（见图 3—9）。编辑人员在核实信息时如果能灵活限定时间范围，对于提高网络新闻的可靠性无疑有着重要的意义。

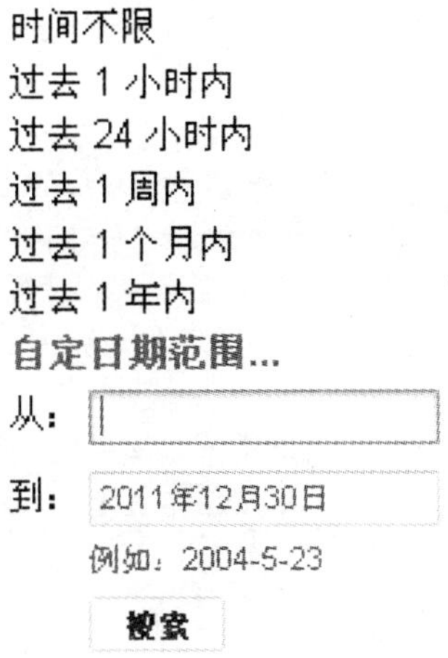

时间不限
过去 1 小时内
过去 24 小时内
过去 1 周内
过去 1 个月内
过去 1 年内
自定日期范围...
从：
到：　2011年12月30日
例如：2004-5-23
搜索

图 3—9　Google 搜索引擎可按时间检索

三　搜索较长的语句

中文搜索引擎在搜索较长的语句时，会进行智能分词检索，以提高结果的命中率。但分词之后的弊端就是无关搜索结果过多，影响获取信息的效率。例如搜索"网络新闻编辑需要具备相关专业、新闻传播以及互联网技术等方面的综合素质"这样一个较长的语句，百度的搜索结果如图 3—10 所示。

我们可以看到，搜索引擎从长句中自行分解出诸如"网络编辑"、"专业"、"网络新闻"、"网络"等关键词，搜索结果中有许多无关信息。但如果当我们需要的是包含着和我们输入的长句完全一致的网页时，我们

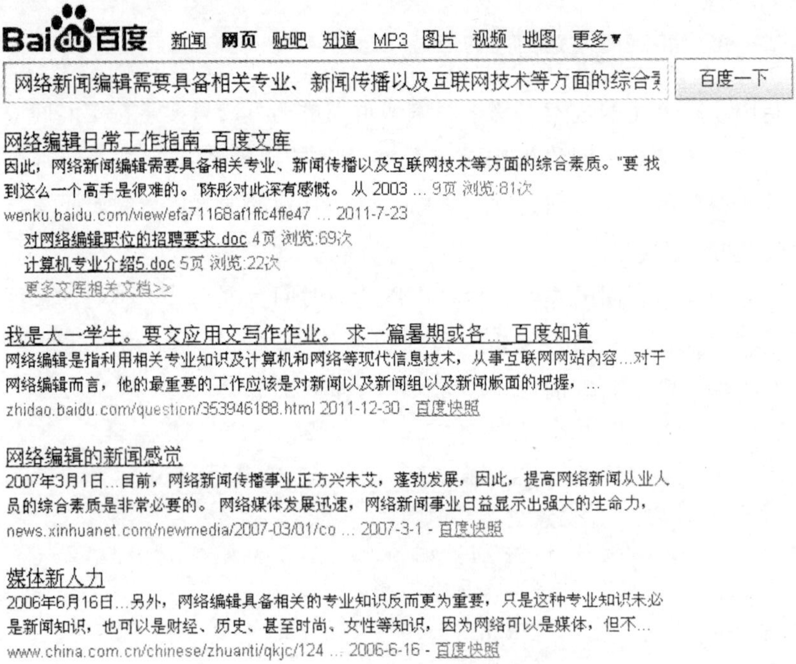
新闻 网页 贴吧 知道 MP3 图片 视频 地图 更多▼
网络新闻编辑需要具备相关专业、新闻传播以及互联网技术等方面的综合素 百度一下

网络编辑日常工作指南_百度文库
因此，网络新闻编辑需要具备相关专业、新闻传播以及互联网技术等方面的综合素质。"要 找到这么一个高手是很难的。"陈彤对此深有感慨。 从 2003 ... 9页 浏览:81次
wenku.baidu.com/view/efa71168af1ffc4ffe47 ... 2011-7-23
对网络编辑职位的招聘要求.doc 4页 浏览:69次
计算机专业介绍5.doc 5页 浏览:22次
更多文库相关文档>>

我是大一学生。要交应用文写作作业。 求一篇暑期或各..._百度知道
网络编辑是指利用相关专业知识及计算机和网络等现代信息技术，从事互联网网站内容...对于网络编辑而言，他的最重要的工作应该是对新闻以及新闻组以及新闻版面的把握，...
zhidao.baidu.com/question/353946188.html 2011-12-30 - 百度快照

网络编辑的新闻感觉
2007年3月1日...目前，网络新闻传播事业正方兴未艾，蓬勃发展，因此，提高网络新闻从业人员的综合素质是非常必要的。 网络媒体发展迅速，网络新闻事业日益显示出强大的生命力，
news.xinhuanet.com/newmedia/2007-03/01/co ... 2007-3-1 - 百度快照

媒体新人力
2006年6月16日...另外，网络编辑具备相关的专业知识反而更为重要，只是这种专业知识未必是新闻知识，也可以是财经、历史、甚至时尚、女性等知识，因为网络可以是媒体，但不...
www.china.com.cn/chinese/zhuanti/qkjc/124 ... 2006-6-16 - 百度快照

图 3—10　较长语句的搜索结果

只需要在长句两侧加上“’”关键词（英文引号）即可。同时间范围限定的功能类似，这种搜索方式目前百度暂不支持。图 3—11 的结果来自于谷歌搜索页面。

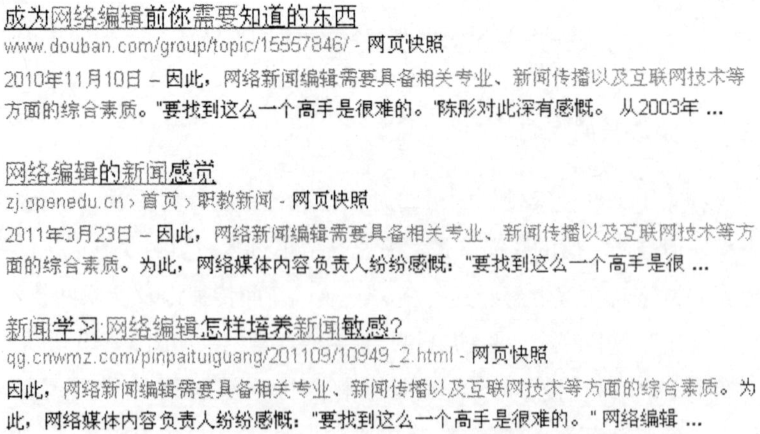
成为网络编辑前你需要知道的东西
www.douban.com/group/topic/15557846/ - 网页快照
2010年11月10日 – 因此，网络新闻编辑需要具备相关专业、新闻传播以及互联网技术等方面的综合素质。"要找到这么一个高手是很难的。"陈彤对此深有感慨。 从2003年 ...

网络编辑的新闻感觉
zj.openedu.cn › 首页 › 职教新闻 - 网页快照
2011年3月23日 – 因此，网络新闻编辑需要具备相关专业、新闻传播以及互联网技术等方面的综合素质。为此，网络媒体内容负责人纷纷感慨："要找到这么一个高手是很 ...

新闻学习:网络编辑怎样培养新闻敏感?
qg.cnwmz.com/pinpaituiguang/201109/10949_2.html - 网页快照
因此，网络新闻编辑需要具备相关专业、新闻传播以及互联网技术等方面的综合素质。为此，网络媒体内容负责人纷纷感慨："要找到这么一个高手是很难的。" 网络编辑 ...

图 3—11　加上“’”之后的搜索结果

　　网络上一条信息往往有多个出处，我们对多个信息源比较和过滤后，才有可能去伪存真，去粗取精，保证为受众提供可靠的新闻。对于新闻工作者而言，除了上述方法之外，还有很多其他可靠可行的方法和渠道用以核查信息，只有将多种信息辨别方法综合运用，才能最终保证新闻的真实性。

第四章

新闻图片的编辑与制作

　　毋庸置疑，不论是在传统媒体还是在网络媒体，图片在新闻报道中起着非常重要的作用。在视觉文化越来越占上风的今天，众多网络媒体根据用户喜好，纷纷增加了图片在内容中的比例，我国新闻类网站无一例外地增设了图片频道。图片除了具有视觉冲击力强、信息丰富直观的特点之外，在网络中备受青睐的原因还有，图片和文字一样浏览方便，相对于视频、Flash 动画、音频信息而言，只需浏览器即可查看图片，而视频、动画、音频都需要安装特定的组件才可正常播放。另外，数字化图片相对于视频、动画、音频文件更小，在网络中传送的速度更快，这也带来了更好的用户体验。

第一节　数码图片的特点

　　数码图片是相对于传统图片而言的，它是数字化技术在图片领域中的应用。2012 年，美国柯达公司宣布破产，标志着传统照相技术的完结，传统图片的生产途径以传统摄影和绘制为主，图片在保存中会遇到泛黄、脆化等问题，影响图片的长期保存，另外，传统图片的复制成本相对较高。数字图片的生产方式主要以数码摄影、软件绘图、扫描仪扫描图片为主，与传统图片相比，数码图片是使用抽样技术将颜色信息用数字的形式存储在文件中，抽样就意味着数码摄影肯定会损失相当的信息，在品质上而言，即便目前高分辨率的数码相机的照片还是与传统胶片照片存在差异，但随着科技的进步，这种差异变得越来越小，而数码图片的优势则越发明显。

一　生产快捷

在传统新闻图片的制作中，摄影记者只有在照片冲印出来之后，才能看到拍摄效果，发现拍摄效果不佳或漏拍重要镜头时则为时已晚，这在讲究时效的新闻行业只能依靠记者的能力和经验去克服。而数码照相机很好地解决了这个问题，数码照相机普遍带有 LED 显示屏，照片拍摄后能立即在屏幕上显示出来，方便拍摄者进行调整，最关键的是，数码照相机的照片无须冲印，就可以通过计算机网络进行传输，直接进入到内容消费环节。这对新闻行业的内容生产带来了很大的便利，通常情况下，新闻事件发生后，新闻图片往往能在文字稿件和视频稿之前发布出来，为新闻时效赢得宝贵时间。

二　易于传播

图片数字化的结果使得图片信息以计算机编码的形式存储在各种数码设备（手机、照相机、计算机等）中，非常容易复制，而且与传统图片的复制（冲洗或重新绘制）相比，数码图片在复制过程中，信息不会失真。

在互联网和手机日益普及的当下，在信息的传播上，数码照片更是变成了一种重要的信息载体，很多突发性事件发生后，处在事件发生地的公民会利用自己的设备进行拍摄，并利用互联网进行发布，丰富了新闻来源，也有利于信息的传播与核实。

与音频和视频资料相比，数码图片文件更小，在互联网带宽有限的情况下，图片信息传递速度更快，这也是数码图片的一个优势。

三　方便编辑

数码图片的另外一个特点是可利用相关软件进行编辑。通过各种图像编辑软件（如 Photoshop）可以进行图像编辑、图像合成、校色调色及特效制作等。图像编辑是图像处理的基础，可以对图像做各种变换如放大、缩小、旋转、裁剪、倾斜、镜像、透视等。也可进行复制、去除斑点、修补、修饰图像的残损等。图像合成则是将几幅图像通过图层操作、工具应用合成完整的、传达明确意义的图像，图像合成在网络编辑中常用在专题标题图片的制作中。图像与创意很好地融合，可使图像的合成天衣无缝。校色调色功能可方便快捷地对图像的颜色进行明暗、色偏的调整和校正，也可在不同颜色间进行切换以满足图像在不同领域如网页设计、印刷、多媒体等方面的应用。特效制作是对包括图像的特效创意和特效字的制作，如油画、浮雕、石膏画、素描等常用的传统美术技巧都可借由图像编辑软件完成。

四　信息嵌入

数码图片，其实质就是将颜色信息使用数字记录在文件中，除了颜色信息之外，当然可以在文件中记录其他信息。事实上，几乎所有的数码设备都将一些原始信息写入到图像文件中，这就是所谓的可交换图像文件格式 EXIF（Exchangeable Image File Format）。

EXIF 最初由日本电子工业发展协会制定，并非一个通用标准，但事实上，几乎所有的数码设备生产厂商都采用了 EXIF 记录相关信息。通常情况下，EXIF 信息包括拍摄时间、相机设定（如相机品牌型号、分辨率、光圈、曝光度、焦距等）、缩略图、图像内容描述和版权信息。使用内置 GPS 定位装置的数码设备拍摄照片，还可以在 EXIF 中加入拍摄地点的地理信息。

EXIF 信息对于一般用户是隐蔽的，没有专门软件，EXIF 信息是不能被修改的。因此，EXIF 信息在追踪图片使用、核实图片拍摄时间等方面可以作为参考因素。但一定要认识到 EXIF 信息借助于专门的编辑软件后是可以被删除、修改的。也就是说，只依靠 EXIF 信息评估照片是不可靠的。

第二节　新闻图片编辑的真实性原则

俗语说道"百闻不如一见"，但借助于图片处理软件强大的编辑功能，人们可以虚构以假乱真的图片。数字图片的这一特点给新闻图片的真实性带来了巨大的挑战，网络中屡屡出现新闻照片造假的问题。对照片真实性的质疑意识和求证功夫，已成为当下对网站编辑人员的基本要求之一。

2007年10月，中国陕西省安康市镇坪县城关镇文采村村民周正龙宣称于神洲湾拍摄到濒危动物野生华南虎的照片。陕西省林业厅于当月10日确认照片所拍确为华南虎。但照片公布后，照片和其中老虎的真实性受到了许多质疑。2007年11月，照片中的老虎被发现与一张年画上的老虎极为相似，而因该年画生产于2002年，照片中老虎的真实性受到了更多强烈质疑。但陕西省林业厅相关官员坚持照片老虎为真，引发网民和民众的强烈质疑，并对政府的公信力产生怀疑。2008年6月29日陕西省政府新闻发布会通报周正龙所拍摄照片中"老虎"实为老虎纸画（见图4—1）。

图4—1　周正龙拍摄的华南虎照片

2008年，中国新闻摄影"金镜头"奖非突发新闻类初选金奖组照《为什么不回家》的作者主动申请取消获奖资格，声称组图中有一张照片是经过Photoshop软件处理之后的图片，经组委会认定后，取消了这组照片的获奖资格。王一是杭州一家报纸的记者，他获奖组照中的第7张投稿照片天空有云彩（见图4—2），而原片天空是空白的（见图4—3），是作者自己合成所致。

图4—2　《为什么不回家》组照第7张投稿照片，天空有淡淡的乌云

图4—3　作者王一本人提供的原片，天空上没有云

　　由于新闻图片在信息传播中起着现场实证的效果，因此，新闻图片的真实性在数字化时代成为备受瞩目的问题，在不断高涨的民间新闻照片打假声浪中，中国新闻摄影学会在其官方网站上发布了《中国新闻摄影学会关于维护新闻摄影真实性原则的有关措施》（以下为措施全文），明确

了什么样的照片是不能接受的，包括：摆拍的、后期处理有增减修改的、文字说明新闻要素不准不全不真实的等，另外，有拼接、多次曝光、加滤色镜的作品要明确说明。

中国新闻摄影学会关于维护新闻摄影真实性原则的有关措施

为了捍卫新闻摄影作品的真实性原则，维护新闻摄影作品评选的公正、公平，提高新闻摄影的公信力，促进我国新闻摄影事业的健康发展，中国新闻摄影学会将采取以下措施，进一步维护由学会主办或者参办的所有新闻摄影作品评选的真实性。

一、所有参加评选工作的新闻摄影工作者（包括评委和参赛者），须遵守中国记协 1991 年制定、1997 年修改的《中国新闻工作者职业道德准则》和中国新闻摄影学会 2005 年 10 月制定的《中国新闻摄影工作者自律公约》。

二、不接受在新闻现场进行编造新闻事实、重现新闻事实等违背新闻摄影采访规律和新闻真实性原则的作品。

三、不接受在新闻影像的后期制作中，对新闻照片画面内容通过电脑或暗房技术进行增减修改（不损害新闻照片内容真实性的影调、色调调整除外）的作品。

四、不接受在新闻摄影作品的文字说明写作中，新闻要素不准不全的作品，影响新闻事实的图文不符、浮夸拔高、歪曲事实等违背新闻事实描述的作品。

五、对使用拼接、多次曝光、加滤色镜等特殊手段拍摄制作的新闻照片，对传媒创意摄影（指报刊使用的题图、插图等处理或再创作）的图片，均须用文字说明拍摄过程和制作方法。

六、不接受危害国家安全、危害社会稳定，低俗之风、有偿新闻等一切违规违纪的作品。

七、维护新闻摄影作品评选的真实性原则，主要靠参赛者自律及监督查处机制。参赛者参加学会组织的评选，即视为同意接受上述措施的约束，公开承诺不提供任何虚假新闻照片参评。评委会对得奖作品实行"公示制度"。公示期内无疑义的作品才能获奖。若有人质疑照片有假，拍摄者有责任提交数码作品原始数据或胶片作品底片，由评选组委会组织专家进行鉴定。为保证评选的公正性，实行评选委员对直系亲属参评者参赛作品的"回避制度"。

八、对于评奖结果公布后，被有关证据证明获奖作者及其作品确有违反以上规定的行为及时做出处理。对于违规者，取消该作者本次评选获奖的资格，在参赛档案中做不良记录登记并向社会公开发布。中国新闻摄影学会拒绝违背新闻摄影真实原则的作者参加由中国新闻摄影学会举办的所有新闻摄影作品的评选。

网络编辑人员在编辑处理新闻图片时，可以参照以上规定，确保新闻图片的真实性，维护网站的信誉度。

除了要保证图片的真实性之外，网络编辑人员还要保证文章中的配图与内容的相关性。如果配图和文章内容没有关联，则图片就会丧失实证功能，反而会诱导或误导读者作出错误判断，严重损害新闻真实性，降低网站的可信度。

2008 年 8 月，北京酷粉网络科技有限公司在其经营的网站"粉丝网"（www.ifensi.com）上发表了题为"最美火炬手金晶头等舱中遭辱全过程"的新闻稿件。稿件文字描述金晶曾在飞机上遭到上海一男子无理对待，但文字上方图片却使用了与此事无关联的一位沈姓男子及其孩子与金晶的合照。该图片发布后，足以导致多数人误以为沈先生就是侮辱金晶的当事人，对沈先生的名誉权造成了极大侵害，其人身安全与个人隐私也受到了严重威胁。

最后，编辑人员如果迫不得已需要使用经后期处理的照片，则必须特别注明照片是"合成照片"，以免误导读者。同样，编辑在选用转载这样的照片时，也不能忽视这样的细节。

第三节　数字图片基础概念

一　矢量图与位图

数码图片主要有矢量图和位图两种。矢量图形是计算机图形学中用点、直线或者多边形等基于数学方程的几何图元表示图像。矢量图形与位图使用像素表示图像的方法有所不同。矢量图在放大时没有精度上的损失（见图4—4中b），而位图在放大时则会看到锯齿状的色块（见图4—4中c）。

图4—4　矢量图形的显示效果示例

（a）原始矢量图；（b）矢量图放大8倍；（c）位图放大8倍

　　在新闻网页的制作中，使用最广泛的是位图格式，矢量图虽然可无损放大，但不适宜于表现色彩丰富的图片，数码设备拍摄的图片都是位图。所谓位图是使用像素阵列来表示的图像，每个像素的颜色信息由 RGB 组合或者灰度值表示。根据颜色信息所需的数据位分为 1、4、8、16、24 及 32 位等，位数越高颜色越丰富，相应的数据量越大。通常我们使用的是 24 位 RGB 组合数据位表示的位图。

　　与位图紧密关联的一个概念是分辨率，分辨率是指定空间中的图像数据的数量。它以每英寸的像素数（ppi）来度量。每英寸的像素越多，分辨率越高。一般来说，图像的分辨率越高，打印图像的品质就越好。分辨率确定图像中可以看到的细节精度（见图 4—5）。尽管数字图像包含了特定数量的图像数据，但并没有特定的物理输出大小或分辨率。更改图像的分辨率时，其物理尺寸会改变；更改图像的宽度或高度时，其分辨率会改变。

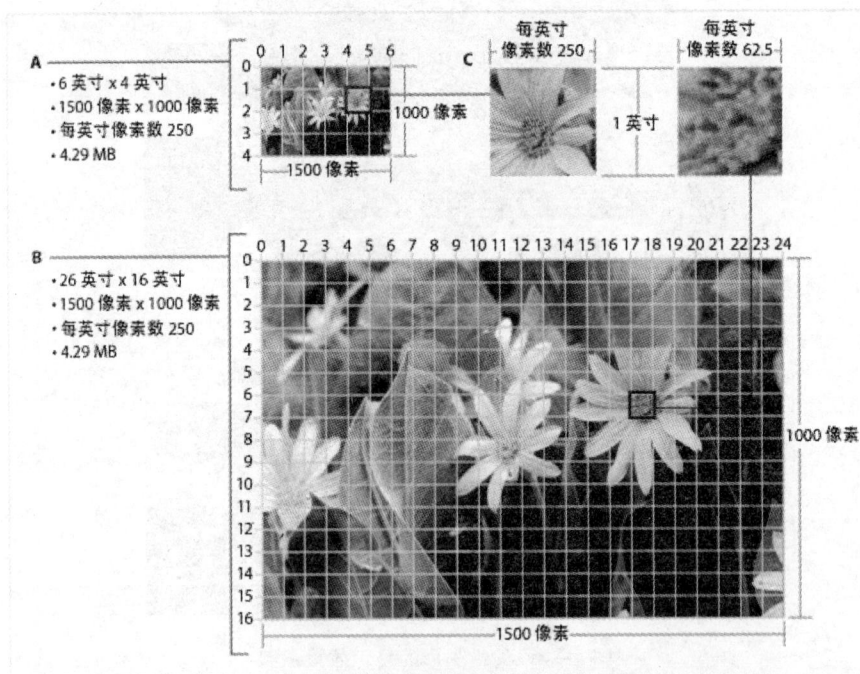

图 4—5　具有相同的图像数据和文件大小但是图像大小和分辨率不同的
两个图像（A 和 B）；C 表明分辨率越高，画质越好

二　常见图片文件格式

图片都是以不同的储存格式保存在介质之上，如果改变图片的储存格式，会在一定程度上给图片的质量造成影响，所以一定要非常了解各种图片的格式。常见的和网络编辑相关的图片格式有 JPEG、GIF、PNG、BMP、PSD、RAW、SVG。

JPEG 这个名称代表 Joint Photographic Experts Group（联合图像专家小组），文件后缀名为"．jpg"或"．jpeg"，JPEG 的压缩方式通常是破坏性资料压缩（lossy compression），意即在压缩过程中图像的品质会遭受到可见的破坏。因此，这种文件格式能在保证一定画质的条件下，减少文件大小，因而是万维网上最普遍地用来储存和传输照片的格式。JPEG 格式适合于存储颜色丰富的真彩图片，但却在简单的折线上效果差强人意（如网页中常见的按钮、图标等）。

GIF 格式文件的后缀名为"．gif"，是一种位图图形文件格式，以 8 位色（即 256 种颜色）重现真彩色的图像。因其体积小而成像相对清晰，特别适合于初期慢速的互联网。它采用无损压缩技术，只要图像不多于 256 色，在减少文件大小的同时，又保持成像的质量。然而，256 色的限制大大局限了 GIF 文件的应用范围，因此 GIF 格式普遍适用于图表、按钮等只需少量颜色的图像。GIF 还可以插入多帧，从而实现动画效果。还可设置透明色以产生对象浮现于背景之上的效果。

在网页中经常使用的另外一种文件格式是 PNG，PNG（Portable Network Graphics，便携式网络图形）是一种无损压缩的位图图形格式，支持索引、灰度、RGB［A］三种颜色方案以及 Alpha 通道等特性。PNG 的开发目标是改善并取代 GIF 作为适合网络传输的格式而不需专利许可，所以被广泛应用于互联网及其他方面上。PNG8 除了不支持动画以外，调色板 PNG 拥有 GIF 所有优点，此外它还支持 Alpha 透明，并且压缩比更高，同样质量的图片 PNG8 与 GIF 相比最高节省约 30% 的体积。

在 PNG 传播过程中，很多网络浏览器经过很长时间才开始完全支持 PNG 格式，如 Microsoft Windows 默认的 Internet Explorer 浏览器一直到 7.0 版才支持 PNG 格式中的半透明效果，较早期的版本（如 6.0 SP1）需要下载 Hotfix 或由网站提供额外的 Script 去支援。这造成 PNG 格式并没有得到广泛的认知。

在网页中直接能显示的图片文件还有 BMP 和 SVG 格式的文件，但这两种文件并不常见。其中 BMP 格式是微软内部使用的一种位图图形格式，BMP 文件通常是不压缩的，所以它们通常比同一幅图像的压缩图像文件格式要大很多。例如，一个 800×600 的 24 位几乎占据 1.4MB 空间。因此它们通常不适合在因特网或者其他低速或者有容量限制的媒介上进行传输。

PSD 格式是 Photoshop 软件的专用文件格式，这种格式的文件保存了图片的图层、通道、蒙版和不同色彩模式等信息。这种格式的文件无法直接观看，需要使用 Photoshop 才能查看，也无法直接在网页中显示，必须转换成 JPEG、PNG 或者 GIF 才能在网页中使用。

RAW 文件包含着从数码相机、扫描仪得到的最原始的数据，故而有人称 RAW 为数码时代的底片。RAW 格式之所以称之为 RAW，就是因为它们未经任何处理，因此通常不能直接打印或者使用位图编辑器进行编辑。一般来说，这样的图片文件可以使用 RAW 转换工具转换为 JPEG 等图像文件以便于保存和打印。需要注意的是，RAW 文件没有统一的后缀名，而是和设备相关，如佳能相机的 RAW 文件后缀名为 ".crw"，尼康相机的 RAW 文件后缀名为 ".nef"，索尼相机的 RAW 文件后缀名为 ".arw"。

SVG（Scalable Vector Graphics，可缩放矢量图形）是基于可扩展标记语言（XML），用于描述二维矢量图形的一种图形格式。由于微软的 IE 9.0 之前的浏览器并不支持这种图像文件格式，所以 SVG 在网络中比较少见。

第四节　Photoshop 与常用新闻图片编辑

图像编辑软件有很多种，比如 Photoshop、Gimp、CorelDRAW、Paint-Shop Photo，但事实上 Photoshop 是图像编辑软件市场的垄断者，很多网站在招聘网络编辑时，很明确地要求应聘人员必须熟练掌握 Photoshop。Photoshop 的优势除了自身功能强大之外，最大的优势在于学习资源非常丰富，这种资源上的优势是其他竞争对手无法比拟的，初学者可以从网络上获取到丰富并且制作精良的教程，而这些教程并非 Photoshop 所在公司开发，而是由富有创造性的热情的用户撰写。这种由用户生产内容的现象在网络上屡见不鲜，也是网络编辑人员需要细心领会的互联网特质之一。

一　Photoshop 工作区介绍

Photoshop 工作区包含菜单和各种用于查看、编辑图像以及向图像添加元素的工具和面板。虽然不同版本中的默认工作区布局不同，但是用户对其中元素的处理方式基本相同。

■位于顶部的应用程序栏包含工作区切换器、菜单和其他应用程序控件（见图4—6）。

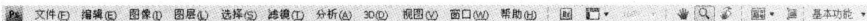

图4—6　应用程序栏

■控制面板显示当前所选工具的选项（见图4—7）。控制面板在 Photoshop 中也叫选项栏。

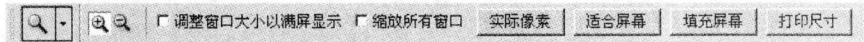

图4—7　选项栏

■文档窗口显示正在处理的文件（见图4—8），可以进行分组和停放。

图4—8　文档窗口

■面板可帮助您监视和修改您的工作。如颜色工具面板（见图4—9），可以对面板进行编组、堆叠或停放。

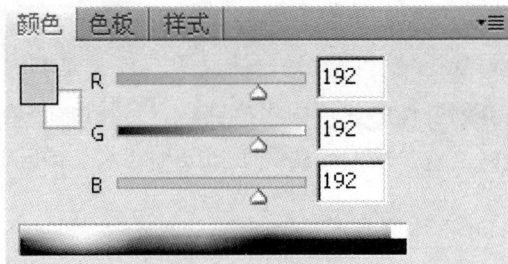

图 4—9　展开后的颜色面板

■工具箱包含用于创建和编辑图像、图稿、页面元素等的工具（见图 4—10）。在默认状态下，工具箱位于 Photoshop 界面中的最左侧。

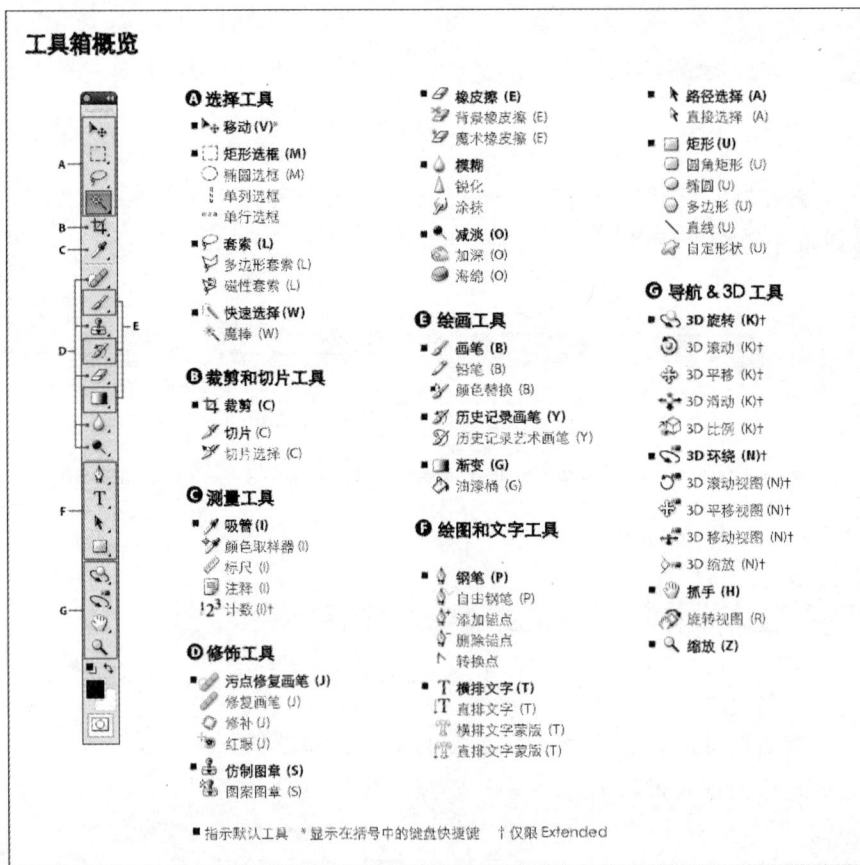

工具箱概览

Ⓐ 选择工具
- ■ ▶︎✛ 移动 (V)*
- ■ ▢ 矩形选框 (M)
  - ◯ 椭圆选框 (M)
  - ┋ 单列选框
  - ┅ 单行选框
- ■ 套索 (L)
  - 多边形套索 (L)
  - 磁性套索 (L)
- ■ 快速选择 (W)
  - 魔棒 (W)

Ⓑ 裁剪和切片工具
- ■ 裁剪 (C)
- 切片 (C)
- 切片选择 (C)

Ⓒ 测量工具
- ■ 吸管 (I)
- 颜色取样器 (I)
- 标尺 (I)
- 注释 (I)
- 1 2³ 计数 (I)†

Ⓓ 修饰工具
- ■ 污点修复画笔 (J)
- 修复画笔 (J)
- 修补 (J)
- 红眼 (J)
- ■ 仿制图章 (S)
- 图案图章 (S)

- ■ 橡皮擦 (E)
- 背景橡皮擦 (E)
- 魔术橡皮擦 (E)
- ■ 模糊
- 锐化
- 涂抹
- ■ 减淡 (O)
- 加深 (O)
- 海绵 (O)

Ⓔ 绘画工具
- ■ 画笔 (B)
- 铅笔 (B)
- 颜色替换 (B)
- ■ 历史记录画笔 (Y)
- 历史记录艺术画笔 (Y)
- ■ 渐变 (G)
- 油漆桶 (G)

Ⓕ 绘图和文字工具
- ■ 钢笔 (P)
- 自由钢笔 (P)
- 添加锚点
- 删除锚点
- 转换点
- ■ T 横排文字 (T)
- 直排文字 (T)
- 横排文字蒙版 (T)
- 直排文字蒙版 (T)

- ■ 路径选择 (A)
- 直接选择 (A)
- ■ 矩形 (U)
- 圆角矩形 (U)
- 椭圆 (U)
- 多边形 (U)
- 直线 (U)
- 自定形状 (U)

Ⓖ 导航 & 3D 工具
- ■ 3D 旋转 (K)†
- 3D 滚动 (K)†
- 3D 平移 (K)†
- 3D 滑动 (K)†
- 3D 比例 (K)†
- ■ 3D 环绕 (N)†
- 3D 滚动视图 (N)†
- 3D 平移视图 (N)†
- 3D 移动视图 (N)†
- 3D 缩放 (N)†
- ■ 抓手 (H)
- 旋转视图 (R)
- ■ 缩放 (Z)

■指示默认工具　*显示在括号中的键盘快捷键　†仅限 Extended

图 4—10　工具面板中的工具

在工具面板中，有些工具右下角带有黑色的小三角标志，表示该工具还包含有同类型的其他工具。

二　Photoshop 常用新闻图片编辑

在网络新闻图片的编辑中，按照图片的用途可以分为两大类，一类是作为新闻事实的图片，图片传达的是新闻事件的要素，这类图片，编辑人员在编辑时一定要本着保证新闻真实性的原则，不允许对图中的人或物作修改，在要求严格的纪实性照片中，任何修改都是不允许的；还有一类是作为新闻导读或版面美化类的图片，这类图片的总体要求是突出重点，引导读者阅读，因此，编辑人员可以采用照片合成、特效等手段。

（一）缩略图的制作

在新闻网站中，缩略图的应用是非常广泛的。缩略图是经压缩方式处理后的小图，通常会包含指向完整大小的图片或新闻页面的超链接。缩略图因其小巧，加载速度非常快，故用于网站首页或者频道首页，用以呈现重点推荐的内容（见图4—11）。

图4—11　腾讯首页中的缩略图

缩略图的制作是非常简单的。步骤如下：

启动 Photoshop，打开想要制作缩略图的原图文件。

选取"图像"＞"图像大小"（见图4—12）。

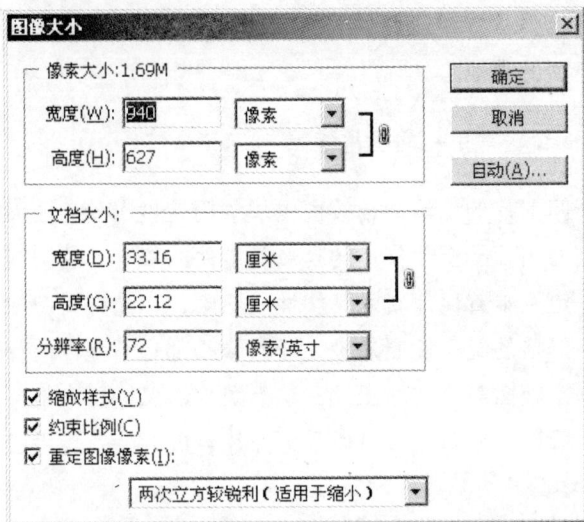

图 4—12　图像大小对话框

　　保持当前的像素宽度和像素高度的比例，请选择"约束比例"。更改高度时，该选项将自动更新宽度，反之亦然。

　　在"像素大小"下输入"宽度"值和"高度"值。要输入当前尺寸的百分比值，请选取"百分比"作为度量单位。图像的新文件大小会出现在"图像大小"对话框的顶部，而旧文件大小在括号内显示。

　　一定要选中"重定图像像素"，然后选取（两次立方较锐利）插值方法，见图 4—13。

图 4—13　适合于缩小的插值方法

　　完成选项设置后，请单击"确定"。

　　图像缩小之后，一般比较模糊，不易辨认，为了获得最佳效果，应使用"滤镜" > "锐化" > "USM 锐化"滤镜，"锐化"滤镜通过增加相邻像素的对比度来聚焦模糊的图像。通过调整数量和半径，提高缩略图的可识别性（见图 4—14）。

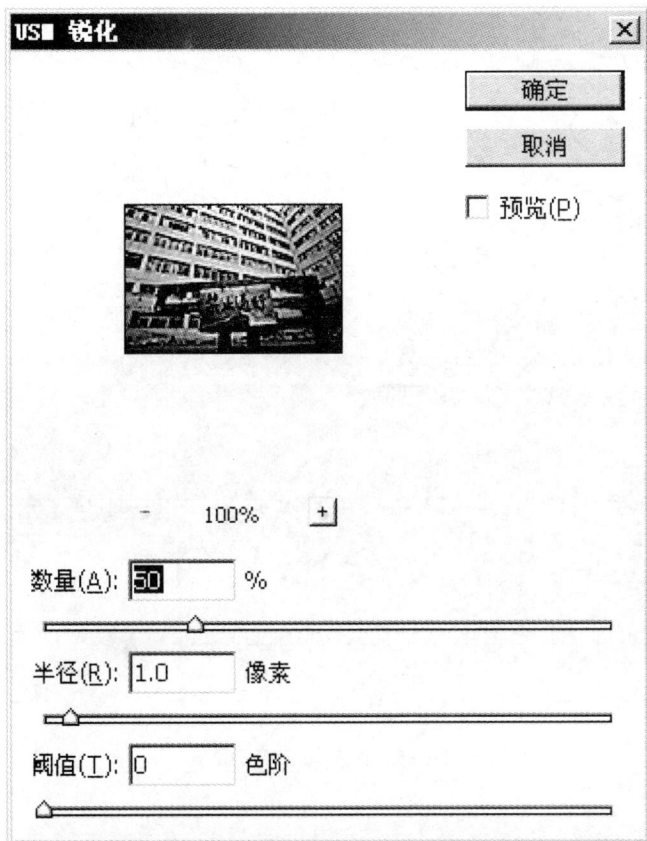

图 4—14　USM 锐化

　　选择"文件" > "存储为 Web 和设备所用格式"，预设选择"JPEG 高"，点击存储即可完成缩略图的制作（见图 4—15）。

　　（二）裁剪图像

　　裁剪是移去部分图像以形成突出或加强构图效果的过程。在网络新闻图片编辑中，裁剪图像也是常见操作，网站中各级页面的版式设定好之后，只需填充内容，这样就对其中的图片尺寸大小提出要求（见图 4—16），因此，编辑人员就必须按照版面尺寸的要求裁剪图片。在裁剪图片时，网络编辑需要注意裁剪后图像与原图在新闻事实信息的传递上是否一致，不能扭曲原图意义。

图4—15 保存为 JPEG 格式

图4—16 腾讯首页中的深度频道的缩略图大小为 95px × 70px

具体裁剪图像的步骤如下：

1. 打开需要裁剪的图像，以图 4—17 为例。

图 4—17　新闻原图大小为 397 px × 233 px

2. 选择裁剪工具【】，在裁剪工具栏中填入网站缩略图的大小，以腾讯深度频道首页为例，其缩略图大小为 95 px × 70 px（见图 4—18）。

图 4—18　在裁剪工具栏中填入尺寸

如果在工具栏的分辨率中不填写任何信息，则 Photoshop 不会重新取样，会保持原图的分辨率不变。如果原图的分辨率和要求的分辨率不一致，则首先需要调整原图的分辨率，使之与要求的分辨率一致。

3. 在图像中要保留的部分上拖动，创建选框（见图 4—19）。如有必要，请调整裁剪选框。如果在宽度和高度中填写数值后，拖动调整边框时，选择框的宽高比是固定不变的。

图 4—19   拖动裁剪框选择保留的部分

4. 按 Enter 键或者单击选项栏中的"提交"按钮✔；或者在裁剪选框内双击都可完成裁剪。

（三）颜色和色调调整

网站中适当的色彩和色调的图片对于提升网站整体的体验也是十分有益的。由于我国政策的限制，大多数网站只能转载新闻，网络编辑人员需要处理的图片都是传统媒体已编发的图片，这些图片大都经过了修正，在颜色和色调上不需要做过多的调整。但随着用户生产内容的增加（如博客、微博、论坛等），网络编辑人员需要使用的图片中，有相当的比例来自于非专业人员，这些照片很有可能存在着偏色、曝光不足或曝光过度的问题，因此，编辑人员掌握颜色和色调调整是很有必要的。

Photoshop 中功能强大的工具可增强、修复和校正图像中的颜色和色调（亮度、暗度和对比度）。在调整颜色和色调之前，需要考虑下面一些事项：

尝试使用调整图层来调整图像的色调范围和色彩平衡。使用调整图层，编辑人员可以返回并且可以进行连续的色调调整，而无须扔掉或永久修改图像图层中的数据。

对于至关重要的作品，为了尽可能多地保留图像数据，最好使用 16位/通道图像（16 位图像），而不使用 8 位/通道图像（8 位图像）。当进行色调和颜色调整时 8 位图像中图像信息的损失程度比 16 位图像更严重。

在校正图像的色调和颜色时，我们通常需要遵循以下工作流程：

1. 使用直方图来检查图像的品质和色调范围。

直方图用图形表示图像的每个亮度级别的像素数量，展示像素在图像中的分布情况（见图4—20）。直方图显示阴影中的细节（在直方图的左侧部分显示）、中间调（在中部显示）以及高光（在右侧部分显示）。

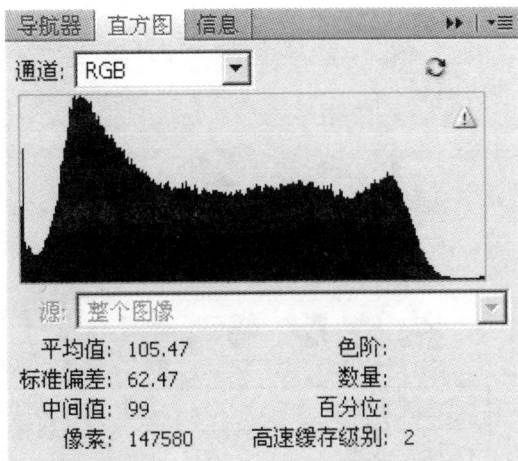

图4—20　拖动裁剪框选择保留的部分

直方图还提供了图像色调范围或图像基本色调类型的快速浏览图。低色调图像的细节集中在阴影处，高色调图像的细节集中在高光处，而平均色调图像的细节集中在中间调处。全色调范围的图像在所有区域中都有大量的像素。识别色调范围有助于确定相应的色调校正（见图4—21）。

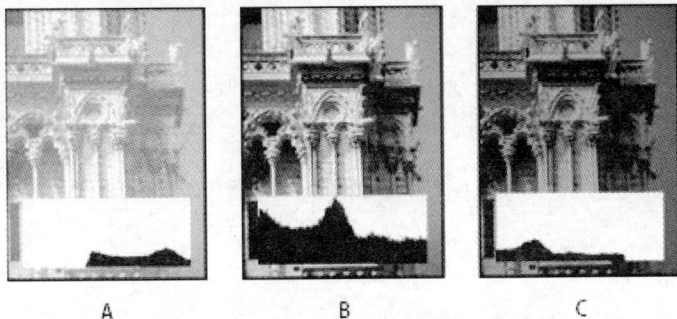

图4—21　如何识别直方图

A. 曝光过度的照片　B. 具有全色调的正确曝光的照片　C. 曝光不足的照片

2. 打开"调整"面板以访问颜色和色调调整（见图4—22）。应用"调整"面板的校正会创建调整图层，这种方法可以增大灵活性，并且不会扔掉图像信息。

图4—22　调整面板

3. 调整色彩平衡校正过度饱和或不饱和的颜色（见图4—23）。

需要一再强调的是，调整图片中的颜色在大多数新闻机构中是不被允许的，因为颜色的调整会影响到读者对事实信息的判断，有可能产生误导。

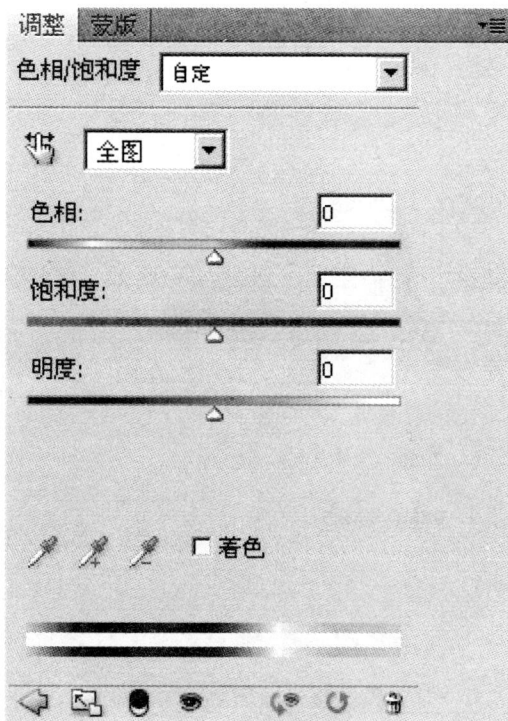

图 4—23　色相/饱和度调整面板

4. 使用"色阶"调整色调范围（见图 4—24）。

在开始校正色调时，首先调整图像中高光像素和阴影像素的极限值，从而为图像设置总体色调范围。此过程称作设置高光和阴影或设置白场和黑场。设置高光和阴影将适当地重新分布中间调像素。有时还需要手动调整中间调。

（四）抠图

在新闻图片的编辑中，有时需要将人物或者事件主角的肖像从繁杂的背景中抽取出来，以突出人物主体，如图 4—25 所示。

在这种情境下，我们需要使用抽取滤镜达到上述目的，抽出滤镜为隔离前景对象并抹除其在图层上的背景提供了一种高级方法。即使抽取对象的边缘细微、复杂或无法确定，也无须太多的操作就可以将其从背景中剪贴出来。

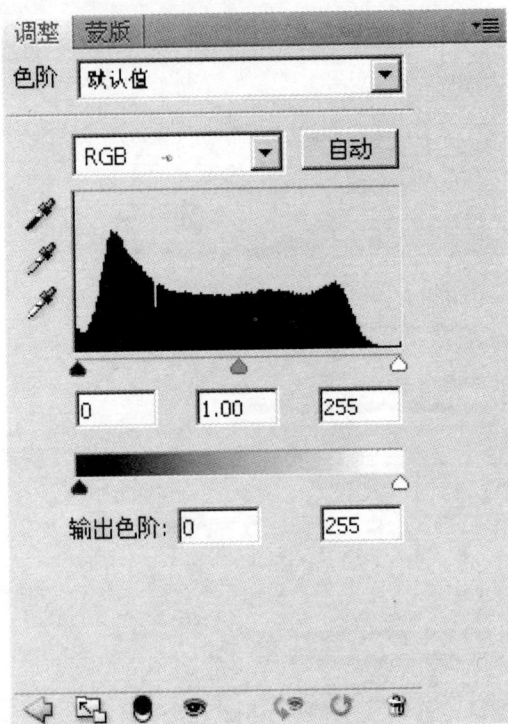

图 4—24　色阶调整面板

图 4—25　去掉背景的人物肖像

抽取滤镜的使用说明如下：

1. 打开需要抽取的图片，在这里，我们选取了一张葡萄的图片（见图 4—26）。

图4—26　带有复杂背景的葡萄

2. 在"图层"调板中，选择包含要抽出的对象的图层。如果选择背景图层，背景图层在抽出后将变成普通图层。如果图层包含选区，则抽出功能只抹除选中区域的背景。为避免丢失原来的图像信息，可以复制图层或制作原图像状态的快照。

3. 选取"滤镜">"抽出"，打开抽取滤镜对话框（见图4—27）：

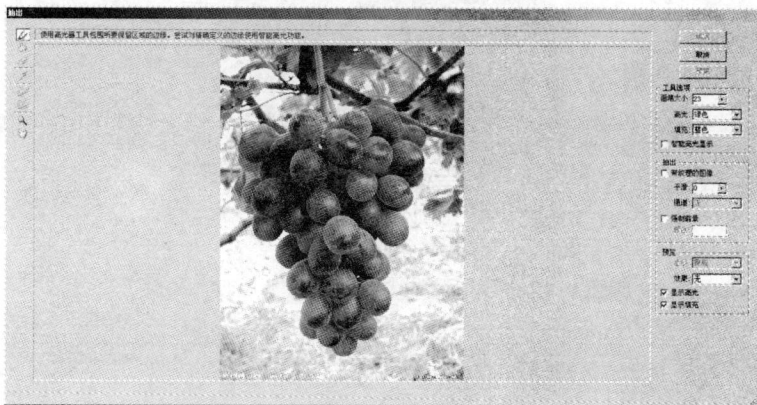

图4—27　抽取滤镜对话框

4. 选择边缘高光器工具 ，绘制以定义要抽出的对象的边缘。拖动以使高光与前景对象及其背景稍稍重叠。用大画笔覆盖前景融入背景的细微的、复杂的边缘（如树枝）。如果要抹除高光，请选择"橡皮擦"工具 ，然后在高光上拖动。确保高光构成完全的封闭圈。不需要高光对象与图像边界接触的区域（见图 4—28）。

图 4—28　绘制要抽出对象的边缘

5. 选择填充工具 。在对象的内部单击以填充对象的内部。用填充工具单击填充的区域将会移去填充（见图 4—29）。

图 4—29　填充抽取对象内部

6. 单击"预览"以预览抽出的对象并改善抽出效果，如有必要，可以选取新的"高光"和"填充"选项，并使用边缘高光器工具再次绘制，再次定义前景区域，然后预览抽出的对象（见图4—30）。

图4—30　预览抽取效果

7. 对抽出效果满意时，使用清除工具，抹除抽出区域中的背景痕迹，进行最终的修饰。

8. 单击"确定"应用最终的抽出。在图层中，位于抽出对象以外的所有像素被抹除为透明（见图4—31）。

图4—31　最终抽取效果

（五）为图片添加文字

在新闻网站的图片编辑中，除了裁剪、抠图之外，有时还要为图片添加文字，以便更加明确地传递新闻信息（见图4—32）。

图4—32 添加了文字的新闻图片

为图片添加文字时，需要使用 Photoshop 文字工具和图层特效。具体的操作步骤如下：

1. 启动 Photoshop，打开新闻图片素材，按照网站版面要求裁剪好尺寸（见图4—33）。

图4—33 裁剪后的新闻图片素材

2. 选择文字工具 T.，在文字工具栏中设置文字的大小、颜色和字体（见图4—34）。

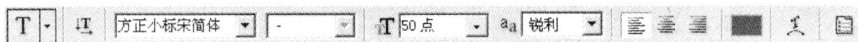

图 4—34　文字工具栏

3. 在图片的合适地方输入文字。输入文字后，Photoshop 会自动创建以文字内容命名的图层（见图 4—35）。

图 4—35　文字图层

4. 在图层面板中确保文字图层处于选中状态，选择添加图层样式按钮 fx，打开图层样式对话框（见图 4—36），为文字增加"描边"和"投影"效果，以使文字更加清晰。

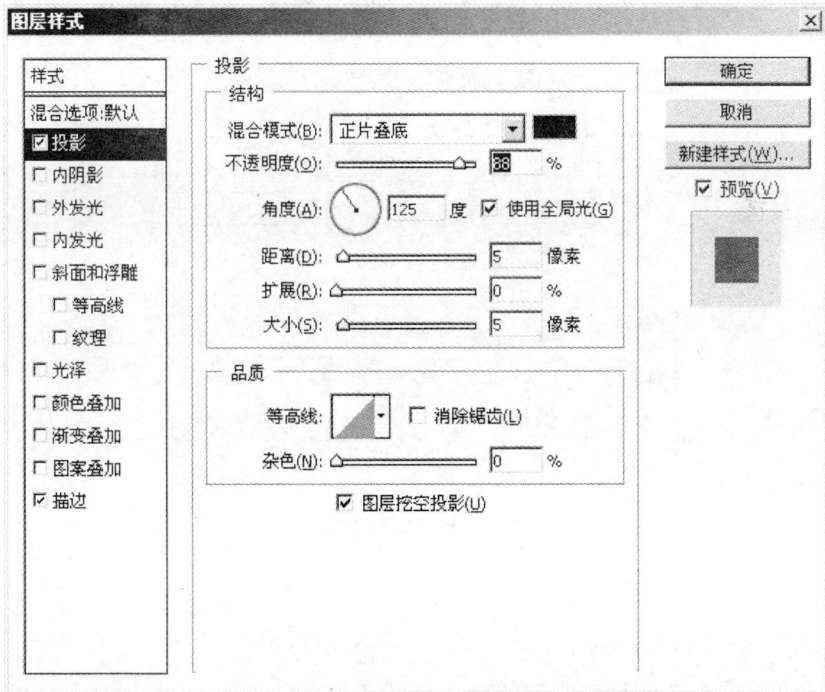

图 4—36　为文字图层添加投影效果

5. 再次使用文字工具添加不同效果的文字（见图 4—37）。

图 4—37　为图片添加多段文字

6. 有时，即便文字作了描边处理，可能仍然与图片背景有所融合，难以辨认，为了增加文字的易读性，可以添加颜色比较单一的浅色背景。为此，需要新建一个图层。

7. 选择图层面板中的"新建图层"按钮 ⬜ 新建一个图层（如图 4—38）。

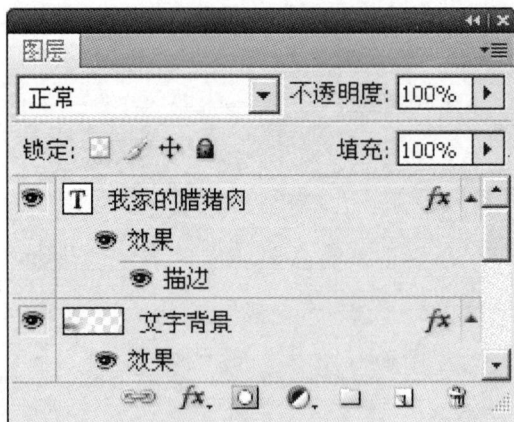

图 4—38　图层面板

8. 在工具栏中选择矩形选框工具 ⬚，在需要添加浅色背景的文字上建立矩形选择区域。这个区域应该比文字范围稍大。

9. 选择添加图层样式按钮 𝘧x，打开图层样式对话框（见图 4—39），为矩形选框增加"渐变叠加"效果。

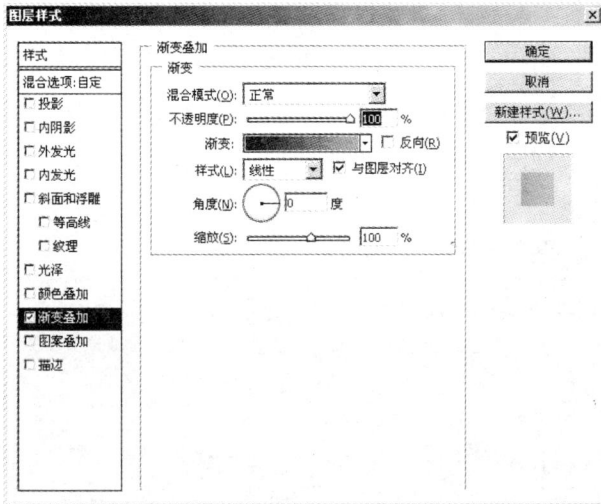

图 4—39 为图层添加渐变叠加效果

10. 点击图层样式对话框中的"渐变"色条，编辑渐变效果（见图 4—40）。

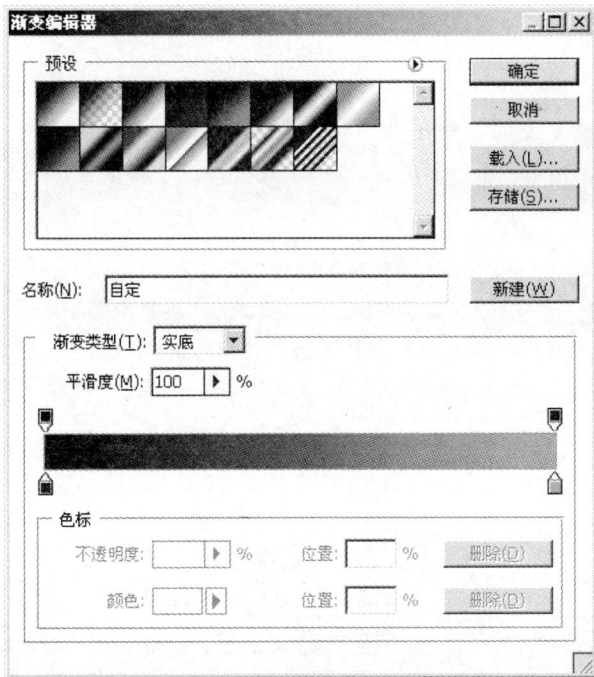

图 4—40 编辑渐变叠加效果

（六） 新闻栏目背景装饰图片的制作

网络编辑在制作新闻专题时，不可避免地要设置新闻栏目，而且这些栏目通常都需要图片背景作为装饰，这些装饰图片的制作也是日常图片编辑的内容之一。如图 4—41 所示：

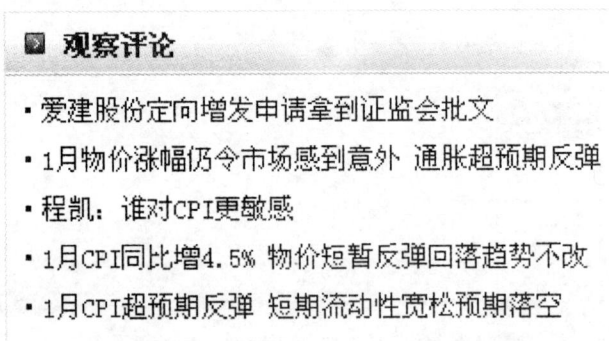

观察评论

· 爱建股份定向增发申请拿到证监会批文

· 1月物价涨幅仍令市场感到意外 通胀超预期反弹

· 程凯：谁对CPI更敏感

· 1月CPI同比增4.5% 物价短暂反弹回落趋势不改

· 1月CPI超预期反弹 短期流动性宽松预期落空

图 4—41　页面的栏目背景常用图像作为修饰

栏目背景图像的制作常常用到 Photoshop 软件中的渐变和裁剪工具。具体操作步骤如下：

1. 打开 Photoshop，创建一个高度和宽度合适的空白图像文件。

2. 新建一个图层，使用油漆桶工具随便倒入颜色。

3. 点击添加图层样式按钮，为新建图层添加渐变叠加样式（见图 4—42）。

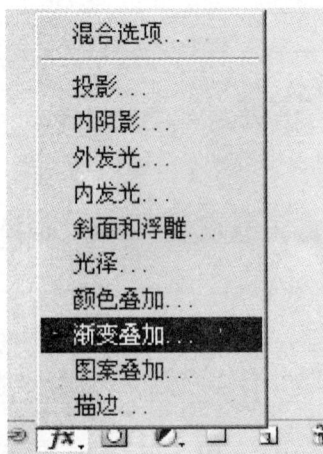

混合选项...

投影...
内阴影...
外发光...
内发光...
斜面和浮雕...
光泽...
颜色叠加...
渐变叠加...
图案叠加...
描边...

图 4—42　为图层添加渐变叠加

4. 点击渐变叠加对话框中的渐变部分，对渐变细则进行设置，见图
4—43。

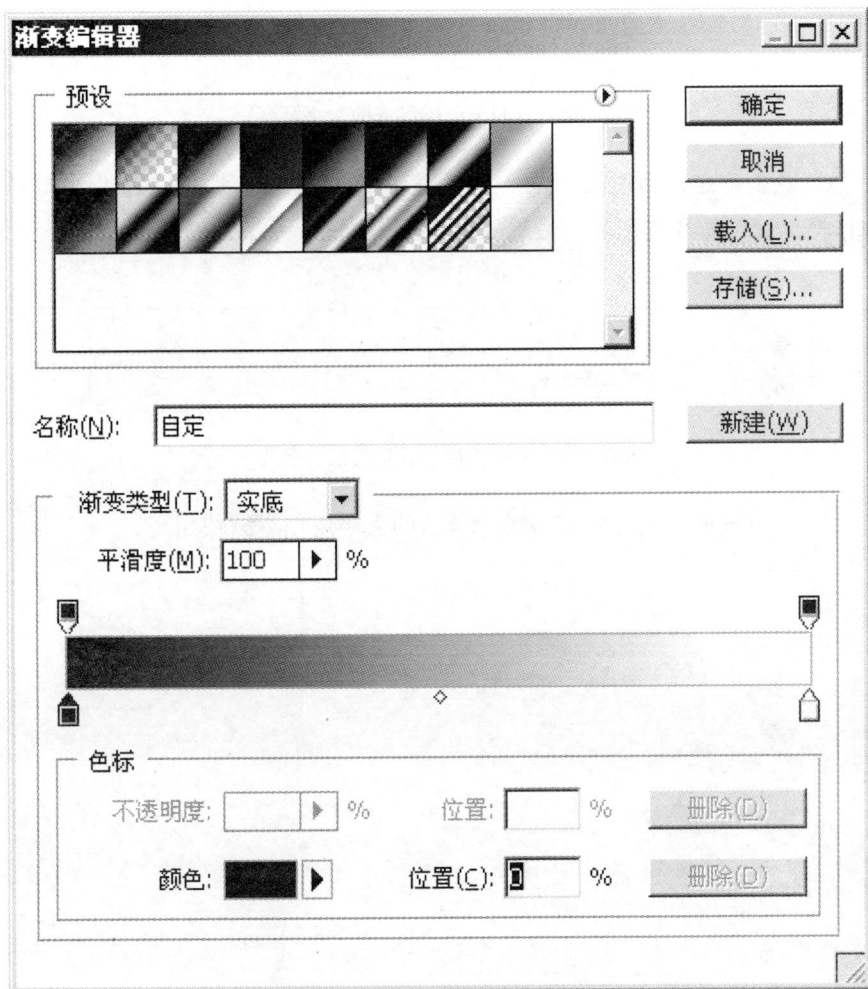

图 4—43　渐变叠加编辑器

5. 点击第一个图标，设置颜色值为# ebf1f6，位置为 0%，依次在位
置 50%、51%、100% 处添加颜色分别为#abd3ee、#89c3eb、#d5ebfb 的色
标（见图 4—44）。

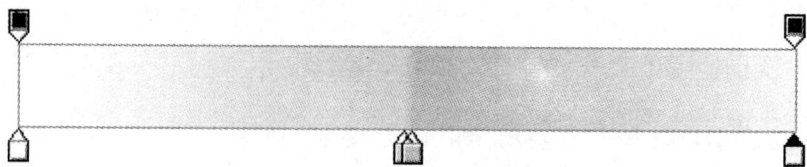

图 4—44　有四个色标组成的水平渐变

6. 点击确定，为图层添加一个可编辑的渐变叠加效果，得到一个可用作栏目背景的渐变图片，最终效果如图 4—45 所示。

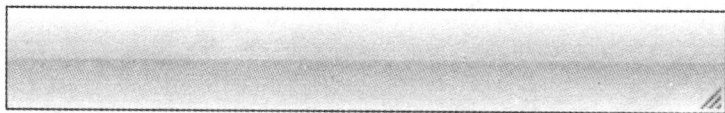

图 4—45　可用作栏目背景的渐变图片

7. 通过裁剪工具，将其裁剪为合适的大小以便后续使用。

第 五 章

HTML 基础

　　网络编辑人员日常性的工作是将有合作关系的媒体内容经过筛选和编辑之后，使用内容管理系统发布出来，因而网络编辑人员又被称为"网络搬运工"。但网络编辑人员除了转载工作之外，还应具有策划和原创能力，如新闻专题的加工和跟踪更新。网络新闻专题是网络媒体在目前政策下实行差异化竞争的主要手段之一。因而网络新闻专题的快速策划制作，也就成了网络编辑从业人员提升个人能力，增强网络竞争力的重要素质。网络新闻专题的制作，与使用流水化作业的内容管理系统相比，需要网络编辑人员熟练使用 HTML 语言，这也是网络编辑的鲜明特点。网络媒体在招聘网络内容编辑人员时常常提出诸如"熟悉 html 代码，能快速、熟练搭建专题；熟练使用 Dreamweaver 等软件"的具体要求。因而，网络编辑必须具备 HTML 知识，使用网络语言表达对新闻事件的认识。

第一节　　HTML 概述

　　HTML（Hyper Text Markup Language，超文本标记语言）是为"网页创建和其他可在网页浏览器中看到的信息"设计的一种标记语言。HTML是万维网的基础，通过结合其他 Web 技术，可以创造出功能强大的网站，我们通过浏览器看到的信息就是用 HTML 呈现出来的。

　　HTML 最初是由万维网之父——蒂姆·伯纳斯-李给出了原始定义。1991 年，英国物理学家蒂姆·伯纳斯-李在互联网上公布了名为"HTML tag"的文档，详细说明了 HTML 组织信息的方式。之后，其他互联网组织和公司不断丰富 HTML 的功能，使之能够以直观的方式显示互联网中的文字、图片等信息，并通过超链接进行访问。随着互联网的爆炸式发展，商业利益的争夺也体现在 HTML 规则的制定中，以微软为代表的企业开始在浏览器中加入私有标签，这在相当程度上造成了 HTML 规则的混乱。

为了防止 HTML 受到商业利益的侵蚀，蒂姆·伯纳斯-李发起成立了万维网联盟（World Wide Web Consortium，W3C），接管了 HTML 的维护工作，并于 1997 年发布了 HTML3.2 版本和 4.0 版本。1999 年，万维网联盟推出了 HTML4.01 版本，加入了表格、表单和对象等特征。HTML4.01 版本是一个广泛采用的版本，至今仍然是 W3C 所推荐的 HTML 版本之一。

HTML4.01 发布之后，蒂姆·伯纳斯-李认为互联网的未来应该更加智能化、语义化，所以调整 HTML 的发展方向，停止了对 HTML 的升级，在 2000 年推出了 XHTML1.0，XHTML 是在 HTML4.01 基础上的优化和改进，XHTML 和 HTML4.01 之间只有极小但重要的区别。但是广大的互联网用户对于 HTML 的热情和需求不减反增，蒂姆·伯纳斯-李和万维网联盟最终推翻了之前的想法，认为 HTML 还是有很大的发展潜力，并于 2008 年推出了 HTML5 的草案，将工作重心重新调整到 HTML 的完善上。

尽管 HTML5 还处于草案阶段，但国内外一些互联网巨头已经将其应用到各自的网站中，比如 Google、Youtube、百度和淘宝，等等。

本书在讲解 HTML 时将会参考 HTML5 已有草案，不再对 HTML5 摒弃的元素和做法作详细说明，以使本书内容能与时俱进，自觉融入 HTML 的发展潮流。

互联网的诞生早于万维网 15 年，但起初因使用技术复杂难以普及，互联网的用户局限在大学、军事、科研机构等有限的群体。万维网的发明是公认的促使互联网迅速发展的重要因素。万维网借助于 HTML 文档，使用超文本链接，把不同电脑上的文本、图像、声音等文档链接在一起，使人们不必受电脑操作系统类别和地域等限制，就可以自由浏览和分享信息，互联网的操作因而大大简化。

HTML 文件后缀名为"htm"或"html"，是一种包含了 HTML 标记的文本文件，我们通常所说的网页实质上就是 HTML 文件，HTML 的编辑非常简单，学习成本很低，而且所有网页的源代码都可通过浏览器直接查看。正如蒂姆·伯纳斯－李所说："（互联网）起飞原因在于，全球的人可随意融入参与。"

第二节　HTML 基本结构

一　创建网页

创建网页的方式有很多，我们可以新建一个空白的文本文件，编辑之后保存为后缀名为".htm"的文件即可。在大多数情况下，我们使用专门的网页编辑软件来编辑网页，使用最广泛的网页编辑软件是 Dream-weaver，下面我们使用 Dreamweaver 软件来创建一个空白的网页文件。

在 Dreamweaver 中创建网页十分简单，启动 Dreamweaver 之后，选择"文件"→"新建"命令，在弹出的对话框中选择"基本页"中的"HT-ML"页面，点击创建即可新建网页。

新建的网页在设计视图中是空白的，但在代码视图中我们可以看到如下 Dreamweaver 自动生成了以下代码：

<! DOCTYPE html PUBLIC " –//W3C//DTD XHTML 1.0 Transition-al//EN" "http：//www.w3.org/TR/xhtml1/DTD/xhtml1-transitional.dtd" >

<html xmlns = "http：//www.w3.org/1999/xhtml" >

< head >

< meta http-equiv = "Content-Type" content = "text/html；charset = utf-8" / >

<title > 无标题文档 </title >

</head >

< body >

</body >

</html >

二　HTML 文档结构

在上面的 HTML 文件中我们可以看出，HTML 文档可以分为文档声明、网页头部分和网页主体部分三部分。

网页头部分指的是＜head＞和＜/head＞部分，在这个区域一般放置网页相关的内容，比如网页编码方式、关键词、网页内容描述和网页相关联的文件，等等。这些包含在＜head＞和＜/head＞之间的内容一般不会显示在用户的浏览器中。

网页主体部分指的是包含在＜body＞和＜/body＞之间的部分，这部分内容是显示在浏览器中的内容，大部分 HTML 的编辑工作都是在主体部分中完成，如图片、文字、超链接，等等。

头部分和主体部分又包含在＜html＞和＜/html＞之中。浏览器会把＜html＞和＜/html＞之中的内容视为网页。

HTML 和 XHTML 还要求在文档首行添加文档类型声明（如下所示），但在 HTML5 中已无此要求。

＜！DOCTYPE html PUBLIC "－//W3C//DTD XHTML 1.0 Transitional//EN" "http：//www. w3. org/TR/xhtml1/DTD/xhtml1-transitional. dtd"＞

第三节　HTML 基础概念及规则

与 HTML 相比，XHTML 的规则更加严格一些，我们就以 XHTML 规则为主要学习内容，初学者掌握良好的习惯可以避免走很多弯路。

一　元素及标签

元素是构成网页内容的基础单位，HTML4.01 和 XHTML 中定义的元素共有90多个，在新闻网站中常用到的不足 20 个。常见的元素有段落元素 p、标题元素 h1、图片元素 img，等等。

元素由起始标签、内容和结束标签构成，如：

＜h1＞一级标题＜/h1＞

其中＜h1＞是 h1 元素的起始标签，标签以"＜"开始，以"＞"结束，＜/h1＞是结束标签，结束标签中含有"/"，位于起始标签和结束标签之间的"一级标题"是 h1 元素标记的内容。

元素可以嵌套，比如在段落 p 中插入图片 img。这时，img 元素作为整体构成段落元素 p 的内容。

< p > < img src = "http：//img1. gtimg. com/63530531. jpg" / > </p>

XHTML 中规定元素的名称必须小写，元素标签必须闭合。

二　属性及属性值

属性及其值对于某些元素而言是必不可少的，比如新闻网页中经常使用图片来传递信息，图片在 HTML 中使用 img 元素来标记，但必须使用相应的属性及其值，告诉浏览器图片存放的位置、图片的大小等信息。如：

< img src = "http：//img1. gtimg. com/63530531. jpg" alt = "腾讯网一周图片精选">

XHTML 中要求属性的名称必须小写，属性值必须用引号 " " 括起来，而且属性值不能为空。

第四节　超级链接

链接又称为"超级链接"，可以将目标（如文字、图片等）链接到互联网上的其他任意网页、图片、视频、文字等资源，链接是 HTML 最核心的功能之一。正是有了超级链接，我们才可以在网络上自由冲浪，体验在不同网页之间快速切换的乐趣，共享互联网上的各种精彩内容。在 HTML 中，a 元素用来创建链接。

一　创建到另外一个网页的链接

启动 Dreamweaver，新建一个空白的 HTML 文档，保存。在 body 元素内部中输入一段文字，如"习近平现场观看 NBA 比赛"，然后选中这段文字，选择"插入"→"超级链接"，在弹出对话框中的链接中输入想要连接到的目标地址，如"http：//news. qq. com/zt2012/xjpmet/index. htm"（见图 5—1）。点击确定即可将上述文字同腾讯网的页面建立链接。

图 5—1　插入超级链接

Dreamweaver 生成如下代码：

　　< a href = "http：//news. qq. com/zt2012/xjpmet/index. htm"> 习近平现场观看 NBA 比赛 </a>

其中 href 是 a 元素的属性，用来指定目标资源的链接地址。

二　链接与路径

链接地址的写法有两种：绝对路径和相对路径。

绝对路径的构成如下：协议名称：//主机名称/目录名称/网页名称

以上文中的地址为例：http：//news. qq. com/zt2012/xjpmet/index. htm

其中 http 表示的是超文本传输协议（http 是互联网上应用最广泛的一种协议，常用的协议还有 ftp 等）。news. qq. com 表示主机名称，zt2012/xjpmet/表示在 news. qq. com 主机根目录下的两个子目录，Index. html 是二级目录中具体的网页名称。

绝对路径可以准确地指明目标文件的存放地点，但当网站中的目录进行整体移动时，有些绝对路径就会失效，导致超级链接无法打开。因此，当访问本地站点的资源时，通常使用相对路径。

相对路径是只写出目标文件与当前网页文件之间相对关系的一种地址表示方法，在同一个网站建立超级连接时使用相对路径能带来诸多便利，除了书写简便外，使用相对路径表示资源的优势在于，当网页所在的文件夹整体移动到别处，如从编辑人员的计算机上传到新闻网站服务器的特定目录中，或者从某个编辑人员的计算机复制到其他编辑人员的计算机中时，网页的超级链接继续有效。因此，相对路径对于网络编辑人员而言，是一个必须熟练掌握的概念。使用相对路径表示资源的方式还将在后续的内容中多次使用。

相对路径中，用/号表示路径的层级，如果放在相对路径的最开始处，则表示从整个网站的根目录。用/号表示上一级路径。

/zt2012/index. html   //表示当前网站根目录下，zt2012 目录中的 index. html

/index. html   //表示当前网页所在目录上一级目录中的 index. html

//index. html   //表示当前网页所在目录上两级目录中的 index. html

index. html   //表示当前网页所在目录同一级目录中的 index. html

zt2012/index. html   //表示当前网页所在目录的下一级目录 zt2012 中的 index. html

三 让链接在特定的窗口打开

在浏览网页时，有的链接打开后会覆盖当前的页面，有的则会新建一个窗口打开网页。这种效果可以通过 a 元素的 target 属性实现。target 属性用来指定打开链接的方式，当 target 的值为空时，链接的打开方式为当前页面打开。当 target 的值为_blank 时，链接的打开方式为新建窗口打开。

< a href = "http：//news. qq. com/zt2012/xjpmet/index. htm" target = "_blank" >习近平现场观看 NBA 比赛 </a>

Target 属性的值及其意义见表 5—1。

表 5—1   target 属性取值范围及其意义

值	描述
_blank	在新窗口中打开被链接文档。
_self	默认。在相同的框架中打开被链接文档。
_parent	在父框架集中打开被链接文档。
_top	在整个窗口中打开被链接文档。
framename	在指定的框架中打开被链接文档。

四　链接的提示文字

在新闻页面中，有的超级链接文字受限于版面字数限制，不得不精简文字，致使网友浏览不便，这种情况下就有必要增添信息（见图5—2）。

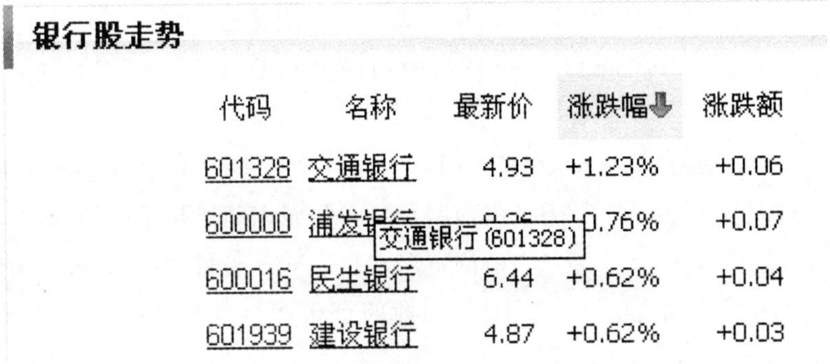

银行股走势

代码	名称	最新价	涨跌幅⬇	涨跌额
601328	交通银行	4.93	+1.23%	+0.06
600000	浦发银行		0.76%	+0.07
600016	民生银行	6.44	+0.62%	+0.04
601939	建设银行	4.87	+0.62%	+0.03

交通银行（601328）

图5—2　超级链接的提示文字

超级链接的提示文字通过 a 元素的 title 属性来实现，如：

< a href = "600000. shtml" title = "交通银行（601328）"> 交通银行 </a>

当鼠标在上述"交通银行"的文字超级链接上悬浮停留时，会显示出提示文字"交通银行（601328）"字样。

五　页面内部链接

有时，我们需要在页面内部进行跳转。比如在网络新闻专题的首页中，新闻素材按照不同主题被安排在同一个页面中，虽然信息很丰富，但专题页面很长（见图5—3）。

图 5—3 新浪网习近平访美新闻专题首页局部截图

当页面过长时，我们通常情况下在首屏建立导航条，在导航条中建立指向页面内部特定地方的超级链接。作为链接目标的、存在于网页中不同位置的目标点叫做锚点。

首先需要在目标点使用 a 元素的 id 属性①标记出锚点，锚点中可以不

___

① 在 HTML4.01 及 XHTML 中，锚点使用 a 元素的 name 属性来标记，但在 HT-ML5 中，a 元素的 name 属性被废弃，改用 id 属性来代替。使用 id 属性也可以标记锚点，效果与 name 一致。

含任何内容，id 属性的值可自行命名，但不能和其他元素的 id 值重复：

< a id = "top1" > < /a >

然后，在导航条中的文字上插入指向锚点的超级链接：

< a href = "#top1" >习近平访美焦点议题 </a >

href 属性的值为 "#top1"，是前面锚点使用的 id 属性值，这两个值必须完全相同。

锚点的使用不但可以在网页内部使用，还可以用在网站外部资源定位中。如：

< a href = " http：//baike. baidu. com/view/1472018. html#2" > 百科 </a >

上述的链接将指向百度百科网页中标记为 2 的锚点处，而不是网页的起始部分。

第五节　图片

图片能使网站更具吸引力和观赏性，同时传达信息更加直接和有效，在新闻网站中，图片的使用是非常广泛的。HTML 使用 img 元素来表示图片。

一　插入图片

在 Dreamweaver 中插入图片与添加链接非常相似。首先新建或打开网页，存盘。如果网页没有保存，那么插入的目标文件的地址为绝对路径，类似于 "file：///C｜/Documents and Settings/Administrator/桌面/"，这样的绝对路径会在网页发布后产生错误。保存之后 Dreamweaver 会将路径自动转换为相对路径。

选择 "插入" → "图像"，在弹出的对话框中输入图片的地址或在本机上选择图片文件（见图 5—4），点击确定，输入替换文字，即可完成图片的插入。

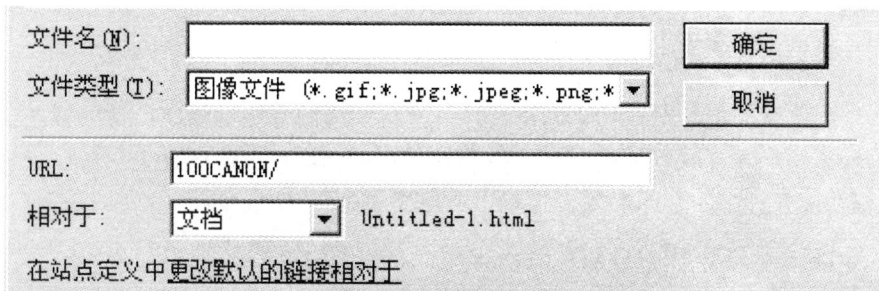

文件名(N)：　[　　　　　　　　　　　　　　　　　]　　　确定

文件类型(T)：　图像文件 (*.gif;*.jpg;*.jpeg;*.png;* ▼)　　取消

URL：　100CANON/

相对于：　[文档　▼]　Untitled-1.html

在站点定义中更改默认的链接相对于

图 5—4　Dreamweaver 中插入图像对话框

使用 Dreamweaver 插入图片后，会自动生成如下的代码：

< img src = "http：//i1.sinaimg.cn/dy/2012/0217/U7351P1DT2012021 7171725.jpg" alt = "大学演讲" width = "950" height = "150" / >

注意：img 元素标签不是成对出现的，XHTML 规范要求这类元素标签应该在">"之前加上"/"。

其中 src 属性用来指定图片存放的路径，可以为绝对路径，也可为相对路径。

alt 属性用来指定图片的替换文字，按照 HTML 规范，alt 属性必须指定，不能为空，替换文字对于特定的网络用户（如使用语音浏览器上网的盲人用户）是必不可少的信息，同时，图片的说明文字也有利于搜索引擎对图片进行检索。

width 和 height 属性用来指定图片的大小。我们最好保持原图的大小不变，如果图片尺寸不合适，应该在图片编辑软件中调整大小后，再使用 img 元素插入到网页中，这样才能保证图片的体积和质量。

二　图片链接

图片链接在新闻网站中屡见不鲜，是网络媒体吸引用户注意力的主要手段，通常是在缩略图上加上指向频道首页或图集的超级链接。图片链接的编辑分为两步，先使用 img 元素插入图片，再使用 a 元素标记超链接，使图片作为 a 元素的内容。例如：

< a href = "http：//news.sina.com.cn/" > < img src = "http：//

i1. sinaimg. cn/dy/images/header/2009/news. gif"alt ="新闻中心"/ > </ a >

三　图片热点

除了整张图片可以作为超链接外，还可以为图片中的绘制任意区域并设超链接，这就是所谓的图片热点。图片热点常用在地图图片上，用以信息的直观导航。

Dreamweaver 中设置图片热点非常直观和容易，以四川地图为例，我们在图片中的阿坝州上绘制热点并建立超级链接（见图 5—5）。

图 5—5　四川行政区划图

新建网页保存后，插入上述图片后切换到设计视图，在图片的"属性"面板中，我们可以看到地图设置区，其中箭头表示选择或激活热点形状，矩形、圆形和多边形用来在图片上绘制相应的区域（见图 5—6）。

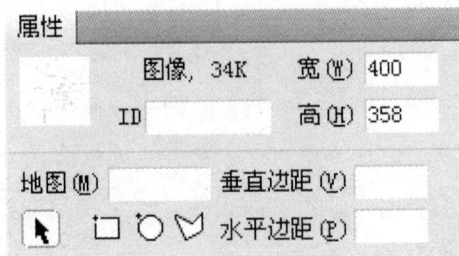

图 5—6　地图热点设置工具

选择多边形工具，在插入的图片上绘制出对应的区域（见图 5—7）。

图 5—7 使用多边形工具绘制出对应区域

绘制完毕后，在属性面板中的链接中输入地图中热点对应的超链接（见图 5—8），即可完成图片热点的编辑工作。

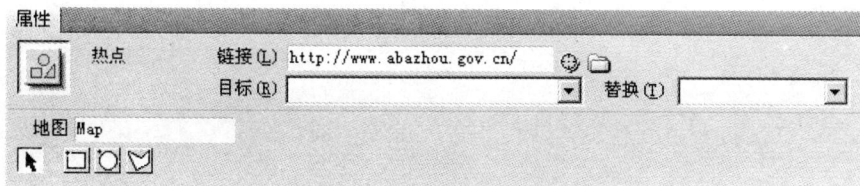

图 5—8 为热点添加超链接

图片热点实际上是 img 元素、map 元素和 area 元素共同作用的结果。area 元素设定图片中的热点区域，它有三个属性：sharp、coords 以及 href，其中 sharp 指定热点区域的形状，coords 指定热点坐标，href 指定热点区域的超级链接。map 元素将热点和图片联系起来。

< area shape ＝ "poly" coords ＝ "160，159，156，163，150，164，144" href ＝ "http：//www. abazhou. gov. cn/" />

第六节　内容分组

在新闻网站中，常用的和内容分组有关的元素有段落元素、标题元素、列表元素以及 div 元素，这些元素的主要作用是标记网页内容的逻辑结构。

一　段落相关元素

和段落相关的元素有 p、br，其中 p 表示段落，可用来在新闻正文页面中标记文本段落。

<p>据报道，中美双方达成的协议是两国自去年 WTO 电影相关问题争端后取得的"重大突破"，双方赞赏彼此为解决这一重要问题的分歧所做出的努力。</p>

br 元素的作用是强制文本换号，当新闻标题过长时，可使用 br 元素换行。

二　列表

在新闻页面中，列表的使用非常广泛，如图 5—9：

- 中方称在叙利亚问题无私利 敦促各方停止暴力 专题
- 伊朗称多艘军舰进入地中海 革命卫队陆军19日军演
- 我国70个大中城市房价首次出现环比全部停涨
- 多地药店停售熊胆制品 动物保护与传统产业发展博弈
- 浙江矫正学校涉虐待学生续:工商教育均称无权管
- 河南洛阳公布原告妻子法庭猝死事件情况
- 深圳媒体发文纪念邓小平逝世15周年(组图)
- 云南大旱致32万亩农田绝收 村民称洗澡洗衣是奢望

图 5—9　无序列表在新闻页面中的应用

在 HTML 中，有三种不同的列表，无序列表、有序列表和自定义列表，其中无序列表在新闻页面的使用中最多。无序列表和有序列表非常相似，区别在于无序列表的项目没有序号，而有序列表的项目可以编排序号。

无序列表由 ul 元素和 li 元素共同构成，有序列表由 ol 和 li 元素构成。图 5—8 中的 HTML 代码片段如下：

＜ ul ＞

＜ li ＞ ＜ a　href ＝ http：//news. sina. com. cn/c/2012 － 02 － 19/013823954678. shtml　target ＝ _ blank ＞中方称在叙利亚问题无私利 ＜/a ＞ ＜a　href ＝ http：//news. sina. com. cn/c/2012 － 02 － 18/203823954392. shtml　target ＝ _ blank ＞敦促各方停止暴力 ＜/a ＞ ＜ a　href ＝ http：//news. sina. com. cn/z/xlyjusz/target ＝ _ blank ＞专题 ＜/a ＞ ＜/li ＞

＜ li ＞ ＜ a　href ＝ http：//news. sina. com. cn/w/2012 － 02 － 19/091523956176. shtml　target ＝ _ blank ＞伊朗称多艘军舰进入地中海 ＜/a ＞ ＜ a　href ＝ http：//news. sina. com. cn/w/2012 － 02 － 19/093723956245. shtml　target ＝ _ blank ＞革命卫队陆军 19 日军演 ＜/a ＞ ＜/li ＞

＜/ul ＞

自定义列表由 dl、dt 和 dd 元素共同构成，其中 dl 和 ol、ul 元素的作用相似，dt 源于用来标记自定义标题，而 dd 是对 dt 标题的进一步描述。

三　Div 和 span

Div 和 span 元素在网页中占据重要的地位，这两个元素结合 CSS 之后，是 HTML 中结构化网页内容的重要机制，在网络新闻页面中，我们会将内容组织为诸如"最新消息"、"视频新闻"、"各界反应"的版块，这些版块的标记，都应通过 div 元素实现，也就是说，新闻页面的布局主要是依靠 div 元素的使用。

以新浪网新闻频道首页为例（见图 5—10），它的首页大体可分为左中右三栏，这三栏就可使用 div 元素进行标记。

＜ div　class ＝ "left" ＞ ＜/div ＞

＜ div　class ＝ "middle" ＞ ＜/div ＞

＜ div　class ＝ "right" ＞ ＜/div ＞

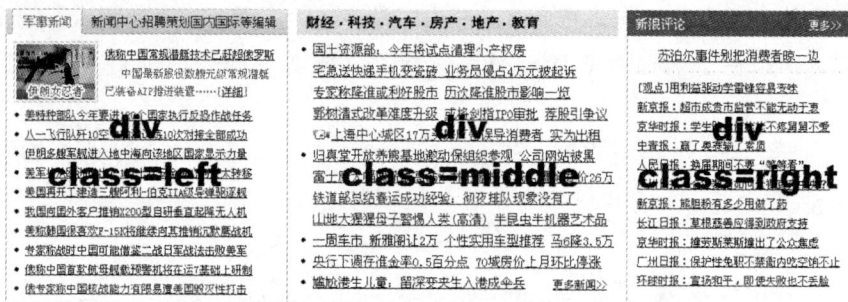

图 5—10　通过 div 元素标记页面三分栏

其中 class 属性的作用是通过 class 的属性值（如上述例子中的 left、middle、right）将样式表（用来设定三栏的宽度、位置）应用到页面中，从而实现页面的三栏布局。

div 和 span 的区别就在于 div 是类似于段落的块状元素，而 span 是类似于段落中文字的行内元素。span 元素常用在新闻专题导航条的标记中。

四　标题元素

HTML 中的标题元素有 6 个，从 h1、h2 依次到 h6，在新闻网页中标题元素常用于新闻正文中的标题，频道首页中的二级栏目名称或者新闻头条（见图 5—11），等等。

图 5—11　使用 h1 标记重要新闻标题

图中新闻标题的 HTML 代码如下：

＜ h1 ＞ ＜ a　href ＝ "http：//finance. sina. com. cn/roll/20120218/200011406477. shtml" target ＝ "_ blank" ＞央行下调存款准备金率 0.5

个百分点 </a>　</h1>

合理使用 h1、h2 这些标题元素，有助于帮助搜索引擎按照页面内容的重要性进行合理检索，提升网站的流量。

第七节　表格

在新闻网站中，表格常用来展示事件进展、经济数据等，利用表格展示此类信息时显得简洁清晰，易于阅读（见图 5—12）。

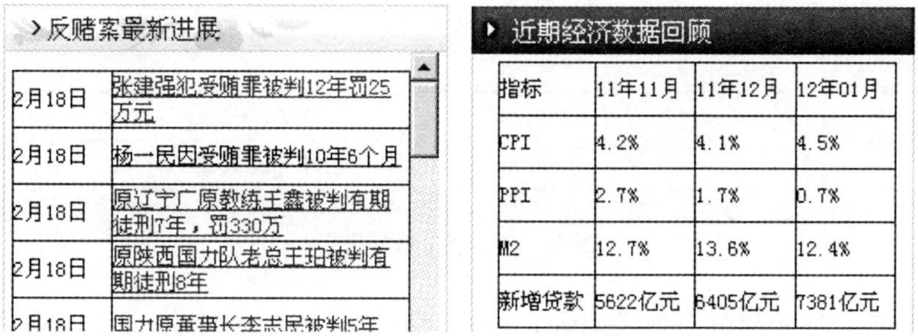

反赌案最新进展

2月18日	张建强犯受贿罪被判12年罚25万元
2月18日	杨一民因受贿罪被判10年6个月
2月18日	原辽宁广原教练王鑫被判有期徒刑7年，罚330万
2月18日	原陕西国力队老总王珀被判有期徒刑8年
2月18日	国力原董事长李志民被判5年

近期经济数据回顾

指标	11年11月	11年12月	12年01月
CPI	4.2%	4.1%	4.5%
PPI	2.7%	1.7%	0.7%
M2	12.7%	13.6%	12.4%
新增贷款	5622亿元	6405亿元	7381亿元

图 5—12　使用表格展示新闻信息

在早期的 HTML 应用中，表格元素（table）除了组织信息之外，还是重要的页面布局手段，但随着 Web 标准的推广普及，表格作为布局手段的功能被 CSS 所取代，表格回归到了组织信息的本来功能上。常用的表格元素有 table、thead、th、tbody、tr 和 td，如图 5—11 中反赌案表格前两行的 HTML 代码如下：

```
<table >
<tr >
<td >2 月 18 日 </td >
<td > <a href = "http://sports.sina.com.cn/c/2012 - 02 - 18/10515947698.shtml" target = "_blank" >张建强犯受贿罪被判 12 年罚 25 万元 </a > </td >
</tr >
```

```
< tr >
< td  > 2 月 18 日 < /td >
< td > < a  href = "http：//sports. sina. com. cn/c/2012 - 02 - 18/
10035947633. shtml" target = "_ blank" > 杨一民因受贿罪被判 10 年 6
个月 < /a > < /td >
< /tr >
< /table >
```

其中 tr 元素表示表格中的一行，td 表示表格中的单元格，而 tr 和 td 则包含于 table 中，构成了完整的表格。

有时，我们需要将相邻的单元格进行合并，以便灵活地组织信息。如图 5—13。

| 34 | 2010年11月16日 | (大型金融机构)17.00% |
| | | (中小金融机构)13.50% |

图 5—13　单元格的合并

单元格的合并操作在 Dreamweaver 的设计视图中十分方便，如对图 5—14 中的表格进行单元格合并：

| 34 | 2010年11月16日 | (大型金融机构)17.00% |
| | | (中小金融机构)13.50% |

图 5—14　合并前的单元格

拖动鼠标选择要合并的单元格，在属性面板中（见图 5—15），点击合并单元格按钮▣，即可完成单元格合并，Dreamweaver 会自动判别合并的是行或是列，并生成相应的代码。

图 5—15　单元格合并面板

第八节　表单

网络媒体以其交互性著称，而交互性特征实现的基础，就是 HTML 中的表单元素。使用表单和其他网络技术，我们可以创建在线调查、网友留言、发帖等互动手段，表单的主要作用是用来收集用户的互动反馈信息，并按指定的方式提交到服务器，以待后续处理。随着网络媒体的发展，用户生成内容（博客、微博、论坛）已成趋势，这也意味着表单的使用越来越频繁。不管是在新闻正文页面，还是新闻专题页面，各个新闻网站都能看到以表单为基础的如新闻表情、新闻跟帖、新闻分享、投票调查、数据查询等多样的交互方式，如图 5—16。

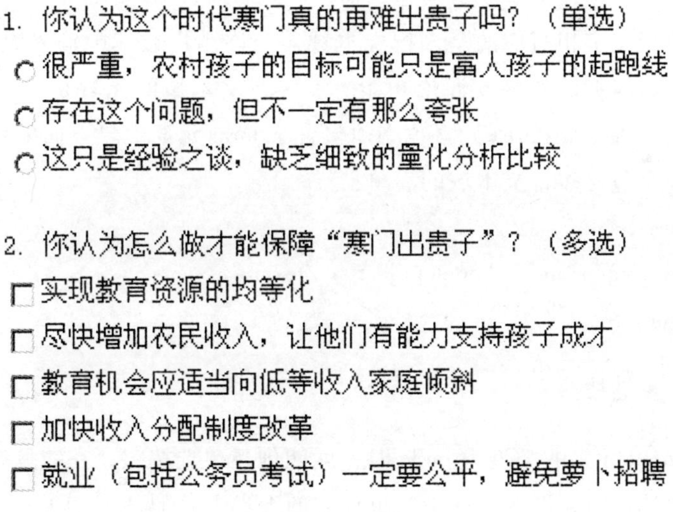

1. 你认为这个时代寒门真的再难出贵子吗？（单选）
  ○ 很严重，农村孩子的目标可能只是富人孩子的起跑线
  ○ 存在这个问题，但不一定有那么夸张
  ○ 这只是经验之谈，缺乏细致的量化分析比较

2. 你认为怎么做才能保障"寒门出贵子"？（多选）
  □ 实现教育资源的均等化
  □ 尽快增加农民收入，让他们有能力支持孩子成才
  □ 教育机会应适当向低等收入家庭倾斜
  □ 加快收入分配制度改革
  □ 就业（包括公务员考试）一定要公平，避免萝卜招聘

图 5—16　投票调查是表单的应用之一

HTML 中的表单是包含着控制元素（如图 5—15 中的复选框、单选按钮、文本框等）及其对应标签的区块，用户通常通过键入文字、选择菜单等方式在网页中互动反馈信息。表单使用 form 元素标记。多数情况下被用到的表单标签是输入标签（＜input＞）。输入类型是由类型属性（type）定义的。常用的输入类型如下：

一　文本域

当用户要在表单中键入字母、数字等内容时，就会用到文本域。

＜form＞

电子邮箱：＜input type =＂text＂name =＂email＂/＞

＜br/＞

用户名称：＜input type =＂text＂name =＂username＂/＞

＜/form＞

上述 HTML 代码的效果如图 5—17 所示：

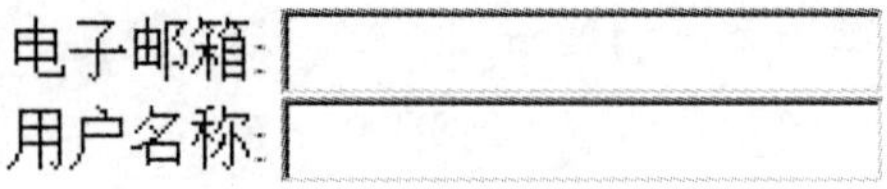

图 5—17　表单文本域

与单行文字相对应的是多行文本域，允许用户在其中输入大段文字，一般用在新闻页面的网友评论功能上。多行文本域的元素是 textarea，和 input 元素类似，textarea 元素也必须包含于 form 元素中。下面的代码片段将创建一个包含多行文本域的表单：

＜form＞

＜textarea name =＂content＂＞＜/textarea＞

＜/form＞

二　单选按钮

当 input 元素的类型为 radio 时，就能创建单选按钮，在线调查中常常使用到单选按钮，图 5—15 中的单选题的 HTML 代码片段如下：

＜form＞

＜dl＞

＜dt＞1. 你认为这个时代寒门真的再难出贵子吗？（单选）＜/dt＞

＜dd＞

＜label＞

＜input type =＂radio＂value =＂115254＂name =＂q_ 23690＂＞

很严重，农村孩子的目标可能只是富人孩子的起跑线

＜ / label ＞

＜ / dd ＞

＜ dd ＞

＜ label ＞

＜ input　type ＝ "radio" value ＝ "115255" name ＝ "q_ 23690" ＞

存在这个问题，但不一定有那么夸张

＜ / label ＞

＜ / dd ＞

＜ dd ＞

＜ label ＞

＜ input　type ＝ "radio" value ＝ "115256" name ＝ "q_ 23690" ＞

这只是经验之谈，缺乏细致的量化分析比较

＜ / label ＞

＜ / dd ＞

＜ / dl ＞

＜ / form ＞

其中 form 元素表示表单，dl、dt、dd 元素表示自定义列表，input 元素用来创建输入界面，input 元素的 type 属性值为 radio 时表示单选按钮，单选按钮可以有名称（name）和值（value），如上面代码中的 value ＝ "115256"，这些值在用户提交表单后，交由服务器处理，完成用户信息的处理和交互。

label 元素为 input 元素定义标注，它的作用是增加单选按钮的可用性，因为单选按钮不易点击，因此使用 label 元素标记一段说明文字，如果这些文字被点击，则对应的单选按钮也被选中，这样就能提升用户体验。label 元素本身不会向用户呈现任何特殊效果。

三　复选框

在网络在线调查中，多选题的实现需要使用复选框，当 input 元素的类型值为 checkbox 时，就能创建复选框，同 radio 类似，checkbox 也有名称和值，用来收集和传递用户提交的内容。

图 5—15 中的多选题的 HTML 代码片段如下

< form >

< dl >

< dt > 2. 你认为怎么做才能保障"寒门出贵子"?(多选) </dt >

< dd > < label > < input type = "checkbox" name = "q_ 23691 []" value = "115257" >实现教育资源的均等化 </label > </dd >

< dd > < label > < input type = "checkbox" name = "q_ 23691 []" value = "115258" >尽快增加农民收入,让他们有能力支持孩子成才 </label > </dd >

< dd > < label > < input type = "checkbox" name = "q_ 23691 []" value = "115259" >教育机会应适当向低等收入家庭倾斜 </label > </dd >

< dd > < label > < input type = "checkbox" name = "q_ 23691 []" value = "115260" >加快收入分配制度改革 </label > </dd >

< dd > < label > < input type = "checkbox" name = "q_ 23691 []" value = "115261" >就业(包括公务员考试)一定要公平,避免萝卜招聘 </label > </dd >

</dl >

</form >

在上述 HTML 代码中,form 元素包含着一个自定义列表 dl,使用自定义列表的标题(dt)来标记多选题的题干部分,而多选题的选项则由 dd 元素标记,在 dd 元素中,嵌套使用了 label 和 input 元素,标记了具体的多选题内容和复选框。

四　下拉列表

单选按钮和复选框在选项过多时,所占版面空间较多,不利于用户对信息的浏览,在这种情况下,我们可以使用下拉列表来组织选项,下拉列表的效果如图 5—18 所示:

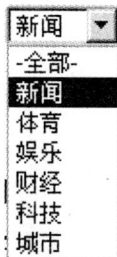

图 5—18　表单文本域

下拉列表通过 select 元素和 option 元素组合形成，其中 option 元素用来标记下拉列表中的选项，如图 5—18 的 HTML 代码如下：

```
< form >
< select  name = "channel" >
< option  value = "" > – 全部 – </option >
< option  value = "news" selected = "" >新闻 </option >
< option  value = "sports" >体育 </option >
< option  value = "ent" >娱乐 </option >
< option  value = "finance" >财经 </option >
< option  value = "tech" >科技 </option >
< option  value = "city" >城市 </option >
</select >
</form >
```

Option 元素的属性 selected 可以用来指定默认值，如上例中"新闻"就是默认选项。

五　按钮

表单中的按钮分为文字按钮和图片按钮，用来提交表单中用户填写的数据或重置表单数据。按钮可以通过 input 元素或者 button 元素来实现，与 input 元素相比，button 元素在使用图片的同时还能使用文字，而 input 元素只能选择文字按钮或图片按钮。在实际的使用中，使用 input 元素标记的图片按钮应用更为广泛，见图 5—19。

图 5—19　表单文本域及按钮

图 5—18 中的 HTML 部分代码如下：

```
< form  method = "get"  action = "list. php"  >
< input  type = "text"  value = ""  name = "k"  size = "24"  >
< select  name = "channel"  >
< option  value = ""  > – 全部 – < /option >
< option  selected = ""  value = "news"  >新闻< /option >
< option  value = "sports"  >体育< /option >
< option  value = "ent"  >娱乐< /option >
< option  value = "finance"  >财经< /option >
< option  value = "tech"  >科技< /option >
< option  value = "city. finance"  >城市< /option >
< /select >
< input  type = "image"  src = "http：//www. sinaimg. cn/dy/deco/
2009/0903/survey/submit2. gif"  title = "提交"  >
< /form >
```

当 input 的 type 属性值为 image 时，按钮为图片按钮，图片的地址通过 src 属性指定，当 type 属性值为 button 时，按钮为文字按钮，文字按钮也可以通过指定背景图片从而达到和图片按钮类似的效果。

用户单击按钮时，表单的内容会被传送到指定的程序文件进行处理（上例中是 list. php）。表单的动作属性（action）定义了目的文件的文件名。由动作属性定义的这个文件通常会对接收到的输入数据进行相关的处理。

第九节　框架

在网络新闻专题的策划制作中，常见的一种做法是将网友对新闻事件的评论显示在页面中，以增强网友的互动积极性（见图 5—20）。

图 5—20　包含网友评论的新闻专题页面局部

HTML 只适合制作静态页面，所谓静态页面指的是即网页编辑完成后，其中的内容不会发生变化，但网友评论却是实时生成，不断更新的。如何将这两种不同的内容结合在一起呢？HTML 提供了叫做框架的机制，使用框架能够将不同的页面整合在一起，让它们在外观上同时显示在一个页面中。HTML4.01 和 XHTML 的框架相关元素有 frameset、frame、noframes 以及 iframe 元素。但使用框架元素，会破坏页面的可访问性，页面在某些情况下会出现难以打印、难以被屏幕阅读软件读取等弊端，因此在 HTML5 中，frameset、frame、noframes 元素都被丢弃，只保留了行内框架元素 iframe。

使用 iframe 元素可以在网页中的块状元素中插入框架，将另外一个网页作为块状元素的内容显示出来，就如同在网页中插入图片、文字块一样。图 5—19 中的框架实现的代码片段如下：

```
< div >
< iframe  frameborder = "0" width = "100%" height = "910px"
scrolling = "no" src = "http：//comment5. qq. com/i_ comment. htm" >
</iframe >
</div >
```

其中最关键的属性是 src，用来指定想要包含于网页中的目标资源（可以是图片、网页、动画等等），scrolling 属性用来指定是否显示框架滚动条，frameborder 属性用来指定框架边框宽度，width 和 height 属性用来指定框架的宽度和高度。

iframe 元素除在页面中包含新闻评论信息页面之外，还常常用来显示网络广告，见图 5—21。因为网络广告的展示内容、时间在很多时候都是与新闻页面的内容编辑工作无关的，使用 iframe 元素嵌入广告，则可在编辑业务层面上实现内容生产与广告经营的分离，有利于充分利用网站已有内容资产，提高网站的效益。

纵痕迹明显

O 新华网

　武汉地铁广告招标 "低标中门宣布此次招标结果无效。连室相" 进行了追踪。

乙多元落标，而广东省广告股广告" 及 "合理化建议" 两

欱广告公司的 "公益广区两项全部为零分。

别克君越 高档行政级轿车
2012 款全新上市

立即武登

iframe#pip00 [300×250]
热 门博客

图 5—21　使用 iframe 元素嵌入网站广告

第十节　嵌入动画及视音频

一　在网页中应用 Flash 动画

Flash 动画可以增强网页的互动性、可以用来展示复杂事件，还可以很好地保护自身内容不被盗用等，是新闻网站组织内容时最具潜力的一种手段，但由于技术门槛较高，无法在日常的内容生产中大量使用。国内网络媒体在重大事件的报道中，常常使用 Flash，但即便像新浪、搜狐、腾讯、网易这样的实力雄厚的商业门户网站，他们也将重大事件的 Flash 制作外包给专门的公司。因此，就目前国内新闻网站的 Flash 应用来说，网络编辑人员只要掌握在页面中插入 Flash 的基本知识就可以了。

在网页中插入 Flash 在 Dreamweaver 中十分方便，和插入图片等资源类似，但是 Dreamweaver 生成的代码臃肿且不符合 HTML 的一些规范。故而在实际的网页应用中，常利用的是开源 JavaScript 项目 SWFObject 插入 Flash。SWFObject 是易于使用符合标准的嵌入 Flash 的小工具，其核心是一个很小的 JavaScript 文件，利用这个文件，可以在网页中插入 Flash，而不用考虑各种浏览器的兼容性、播放器的版本等问题。下载地址为：http：//code. google. com/p/swfobject/downloads/list。使用 SWFObject 插入 Flash 的步骤如下：

（一）定义替换内容（当浏览器不支持 Flash 时显示的内容），并为其指定 id。

< html >

< head >

< title > 使用 SWFObject 嵌入 Flash 第一步 < /title >

< meta http-equiv = "Content-Type" content = "text/html; charset = UTF-8" / >

< /head >

< body >

< div id = "myContent" >

< p > 替换文字，这些文字会在浏览器不支持 Flash 时显示出来。< /p >

```
</div >
</body >
</html >
```

（二）将 SWFObject 的 JavaScript 文件包含在 HTML 文件的头部分。

```
< html >
< head >
< title > 使用 SWFObject 嵌入 Flash 第二步 </title >
< meta  http-equiv = "Content-Type"  content = "text/html; charset = UTF-8" / >
< script  type = "text/javascript"  src = "swfobject. js"  > </script >
</head >
< body >
< div  id = "myContent"  >
<p >替换文字，这些文字会在浏览器不支持 Flash 时显示出来。 </p >
</div >
</body >
< html >
```

（三）使用 JavaScript 脚本嵌入 Flash 文件。

```
< html >
< head >
< title > 使用 SWFObject 嵌入 Flash 第三步 </title >
< meta  http-equiv = "Content-Type"  content = "text/html; charset = UTF-8" / >
< script  type = "text/javascript"  src = "swfobject. js"  > </script >
< script  type = "text/javascript"  >
swfobject. embedSWF  ( "myContent. swf", "myContent", "300", "120", "9. 0. 0") ;
</script
</head >
< body >
< div  id = "myContent"  >
```

<p>替换文字，这些文字会在浏览器不支持Flash时显示出来。</p>

</div>

</body>

</html>

其中"myContent. swf"为待插入的Flash文件的路径和名称，"my-Content"为替换内容的容器名称，"300"为Flash的高度，"120"为Flash的宽度，"9.0.0"为Flash运行时所需的最低版本要求。

二　在网页中嵌入视频

在HTML的目前版本中，视频文件是不能直接播放的，必须借助于浏览器组件。早期的网页大都使用Windows Media Player作为播放器，但这种方式的兼容性不够强，在其他操作系统或者使用非IE内核的浏览器时，不能方便地播放内容。目前几乎所有的网站采用Flash播放器来播放视频，这样做的好处是能够跨平台使用，而且Flash视频播放器的功能越来越丰富，比如可以嵌入广告、调节视频，等等。

图5—22　Flash视频播放器

在使用 Flash 播放器播放视频之前，先要确保视频的格式是 Flash 播放器所支持的格式，一般而言，Flash 播放器支持的格式为"flv"和"mp4"。如果视频文件格式不是上述格式，则需要使用格式转换软件，将视频文件的格式转换为"flv"或"mp4"。

在网页中插入视频的方式有很多种，使用最为广泛的是利用 JavaScript 脚本插入视频播放器，将文件参数传递给视频播放器即可。所以，在网页中嵌入视频实质上还是 Flash 的应用。各个网站虽然使用的视频播放器不尽相同，但用法和插入 Flash 文件基本是一致的。

下面以广泛使用的开源媒体播放器（JW player）为例，说明如何在网页中嵌入视频，最终的效果如图 5—23 所示：

图 5—23　使用开源 Flash 视频播放器在网页中嵌入视频

首先下载 JW Player 播放器，下载地址为：http：//www. longtailvideo. com/players/jw-flv-player/，下载解压后，我们得到关键性的两个文件，jwplayer. js 和 player. swf，利用这两个文件我们就可以方便地在网页中嵌入视频内容。图 5—22 的 HTML 代码如下：

<! DOCTYPE HTML PUBLIC "−//W3C//DTD HTML 4.01 Transitional//EN" >

< html xmlns = "http：//www. w3. org/1999/xhtml" >

```
< head >
< title > 使用 JW  Player 在网页中插入视频实例 </title >
</head >
< body >
< h3 > 东南沿海：继续受台风"芭玛"影响 </h3 >
< div  id = "mediaplayer"  > JW  Player  goes  here </div >
< script  type = "text/javascript"  src = "jwplayer. js"  > </script >
< script  type = "text/javascript"  >
jwplayer（"mediaplayer"）. setup（|
flashplayer："player. swf",
file："flv/demo. flv",
width："449",
height："336",
controlbar："bottom"
|）;
</script >
</body >
</html >
```

其中 < div id = "mediaplayer" > JW Player goes here </div > 语句的作用是为播放器建立一个容器，视频内容将自动填充到这个容器中。< script type = "text/javascript" src = "jwplayer. js" > </script > 语句将 jwplayer. js 脚本同网页建立联系，当浏览器打开页面时，将同时调用 jwplayer. js，这个脚本将会根据用户提供的参数，自动将生成符合 Web 标准的视频内容。接下来我们看这段代码：

```
< script  type = "text/javascript"  >
jwplayer（"mediaplayer"）. setup（|
flashplayer："player. swf",
file："flv/demo. flv",
width："449",
height："336",
controlbar："bottom"
```

```
|);
</script>
```

这段代码的作用是使用脚本来传递视频的基本初始信息,其中 jwplayer
("mediaplayer") 中的 mediaplayer 是和 < div id = "mediaplayer" > JW
Player goes here </div > 中的 id 属性是一致的。Flashplayer 变量用来指定
Flash 视频播放器存放的路径,如在本例中,player. swf 文件应该是和网页文
件存放在同一个目录中。File 变量用来指定欲播放的视频文件,在本例中,
视频文件应该存放在网页文件的下一级目录 flv 中,并且文件名为 demo. flv,
width 和 height 用于指定视频播放器的宽度和大小,controlbar 用来指定视频
播放器工具条的位置,bottom 意味工具条在视频播放器的底部。

三 在网页中嵌入音频

音频文件在新闻网页中的应用比较少见,主流的做法还是利用 Flash
播放器播放音频文件,这样就可以充分利用 Flash 跨平台的优势。如图
5—24:

图 5—24 使用开源 Flash 视频播放器在网页中嵌入音频

上例的 HTML 代码如下:

```
<! DOCTYPE HTML PUBLIC " -//W3C//DTD HTML 4.01 Transi-
tional//EN" >
< html xmlns = "http: //www. w3. org/1999/xhtml" >
< head >
< title > 使用 JW Player 在网页中插入视频实例 </title >
</head >
< body >
<h3 > 播放音频实例 </h3 >
< div id = "audiobox" > JW Player goes here </div >
< script type = "text/javascript" src = "jwplayer. js" > </script >
< script type = "text/javascript" >
```

```
jwplayer （"audiobox"）. setup （｛
flashplayer："player. swf"，
file："mp3/200852103326897. mp3"，
width："449"，
height："24"，
controlbar："bottom"
｝）;
</script >
</body >
</html >
```

其中 < div id = "audiobox" >JW Player goes here </div >语句的作用是为播放器建立一个容器，音频内容将自动填充到这个容器中。< script type = "text/javascript" src = "jwplayer. js" > </script >语句将 jwplayer. js 脚本同网页建立联系，当浏览器打开页面时，将同时调用 jwplayer. js，这个脚本将会根据用户提供的参数，自动将生成符合 Web 标准的内容。接下来我们看这段代码：

```
< script type = "text/javascript" >
jwplayer （"audiobox"）. setup （｛
flashplayer："player. swf"，
file："mp3/200852103326897. mp3"，
width："449"，
height："24"，
controlbar："bottom"
｝）;
</script >
```

这段代码的作用和之前讲述的利用 JW Player 播放器嵌入视频是同样的作用，都是用以传递基本初始信息，区别在于 File 变量的视频文件为 flv、mp4 等，而音频文件一般为 mp3，在本例中，音频文件应该存放在网页文件的下一级目录 mp3 中，并且文件名为 200852103326897. mp3，width 和 height 用于指定播放器的宽度和大小，当高度为 24 像素时，播放器只显示控制条，不显示视频窗口。Controlbar 变量的作用不再赘述。

第 六 章

CSS 基础

　　CSS 是 Cascading Style Sheet 的缩写，中文翻译为层叠样式表。CSS 的作用是定义网页的外观（如字体大小、背景颜色或背景图片、文本位置、边距、布局等），它是样式化网页的唯一机制，可以这样说，如果离开了 CSS，我们平常所浏览的赏心悦目的网页将变得支离破碎，画面粗糙，毫无美感可言。

　　网络编辑人员在日常的信息发布中，在网络新闻专题的制作中，在新闻栏目、频道的设置中，不可避免地要使用到 CSS。因此，网络编辑人员掌握 CSS 是目前业界普遍的要求，是网络编辑人员互联网素养中的基础能力，有了 HTML 和 CSS 的知识，网络编辑人员才能将自己头脑中的各种创意和策划用网络语言表达出来。

第一节　Web 标准

　　万维网的创建者蒂姆·伯纳斯-李爵士希望万维网能像人的大脑那样在信息之间建立广泛的联系，并且应该对所有计算机都是开放的，这个愿景被人们称为万维网的普适性原则。尽管 HTML 对于所有计算机都是可用的，但是这并不意味着每个人都能以相同的方式体验它，这些页面的实际显示效果取决于计算机的类型、显示器、网速以及查看页面的软件（浏览器），当今最流行的浏览器是 IE、Firefox、Chrome、Safari 等等，同时，用手机上网的用户也逐渐增多并已成为主流。不幸的是，这些浏览器显示页面的方式不完全相同。

　　造成这些不同的主要原因在于对商业利益的追逐和保护。1994 年，网景公司（NetScape Communication）在万维网上建立起了第一道栅栏，开始了所谓的"浏览器之争"。为了吸引用户，网景公司创建了一套只有 NetScape 能够处理的 HTML 扩展，使用 NetScape 浏览器冲浪的用户可以查看到改进的页面，如标题比其他文本大且粗、段落上下有间距、无序列表的每个项目之前有小黑点，等等。许多人喜欢这些扩展，所以 NetScape 浏览器一度成为最为流行的浏览器。微软公司发现自己在这个市场上处于不利地位时，他们决定用自己的浏览器 Internet Explorer 来参与竞争，除了使用与操作系统捆绑销售的策略之外，同样为了吸引用户，他们增加了只有微软的 IE 浏览器能够识别的扩展。就这样，两个公司借助于网络设计者和开发者，为 HTML 增加了只适用于各自浏览器的扩展，更糟糕的是，其他一些浏览器开发商也加入了这场用户争夺战，这样导致的结果就是，对于网络内容提供者而言，要试图创建一个适用于所有浏览器的网站变成一个很让人头疼的问题。

　　这种浏览器的专有属性的不断推出，违背了万维网创始人蒂姆·伯纳斯-李所推崇的普适性的愿望。蒂姆·伯纳斯-李所领导的万维网"联合国" W3C（World Wide Web Consortium 万维网联盟）制定了一系列标准，将一些扩展吸收到了正式规范中，而将其他扩展完全取消了，推出了所谓的 Web 标准。Web 标准的目标是使 Web 社区意识到普适性的重要意义，同时尽可能满足开发优美页面的愿望，努力拆除现有私有扩展，避免万维网出现分崩离析的局面。

　　早期版本的 HTML 将内容、结构和格式化指令组合在一个文档中，这虽然比较简单，但不够强大。W3C 设计了一个新系统——CSS，在这个系统中，格式化指令与内容和结构分开保存，因此可以根据需要将格式化指令或者样式应用到单一段落或者整个网站。并将 HTML 中那些用来表现内容形式的元素标记为"已废弃"，不鼓励人们去使用它们。

　　CSS 的理想是实现内容和表现方式的完全分离。将文档中的内容和表现相分离具有很多好处，人们可以轻松地增加、移除或更新内容，而不影响布局，还可以简单地改变整个站点的外观而不影响内容，从而使得网站的建设工作更有效率。

　　就目前而言，Web 标准表示的是由 W3C 组织定义并维护的、非私有化的一系列标准和规范。在近些年，Web 标准常常指的是将网页中的内容、表现、行为三者相分离的思想和相关的实现方法。按照 Web 标准，构建精良的 Web 文档应该有三层各自分离的资料层（见图 6—1）。第一层是结构层，它包括文档的内容以及表示文本各部分的语义信息，如标题、段落、列表、导航条，等等。这一部分通过 HTML 或者 XHTML 来实现。

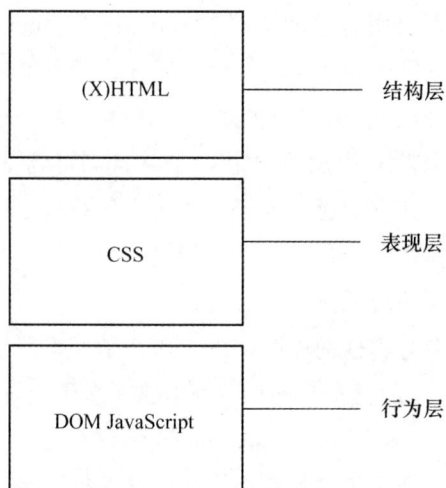

```
┌─────────────────────┐
│                     │
│     (X)HTML         │────────── 结构层
│                     │
└─────────────────────┘

┌─────────────────────┐
│                     │
│      CSS            │────────── 表现层
│                     │
└─────────────────────┘

┌─────────────────────┐
│                     │
│   DOM JavaScript    │────────── 行为层
│                     │
└─────────────────────┘
```

图 6—1　Web 标准的三层模型

第二层是表现层，它决定了网页以何种方式显示，包括布局、排版、颜色、装饰、图片等详细信息，在一些非视觉设备如屏幕阅读器上可能通过声音来呈现文字，这一部分用 CSS 来实现的。

除了内容层和表现层，还有一层是行为层。这一层主要是根据用户的行为，使用脚本来更新、增添或移除文档中的某些项目，已达到更好的交互效果。在本书的内容中，对行为层不作深入的探讨。

内容层、表现层和行为层是如何协作的呢？我们可以看看新闻网站中常常使用的新闻幻灯片。如图 6—2 所示：

图 6—2　新闻幻灯片

内容层使用 HTML 用来标记图片、新闻标题等内容，如图 6—2 对应的 HTML 代码如下：

```
< div  class = "tabBody" bossZone = "vision"  >
< div  class = "focus_ wrap"  >
< div  id = "uedFocus5716281" class = "fs_ H"  >
    < div  id = "uedFocus5716281_ img" class = "ued_ focus_ main"  >
    </ div >
    < div  id = "uedFocus5716281_ tit" class = "ued_ focus_ text"  >
    </ div >
    < div  class = "ued_ focus_ sub"  >
    < div  id = "uedFocus5716281_ dot"  >
    </ div >
```

CSS 则将幻灯片排放在网页的具体位置，并为图片设置边框，为文字设置大小和对齐方式，调整文字和图片之间的间距等。图 6—2 所对应的部分 CSS 代码如下：

```
#card1C. tabBody  {
```

```
padding: 8px 10px 0;
overflow: hidden;
width: 100%;
}
```

JavaScript 脚本则让图片和文字每隔固定时间进行切换，当用户的鼠标移动到某个按钮上时，JavaScript 脚本还会显示对应的图片和文字。图6—2 所对应的部分脚本如下：

```
< script type = "text/javascript" >
Qfast (false, "alljs", function () {
var uedFocus571628 = new uedFoucs ();
uedFocus571628. Content = [{img1: "http: //mat1. gtimg. com/news/huozhe/12. 03. 16balaobf/3 - 228. jpg", img2: "http: //mat1. gtimg. com/news/huozhe/12. 03. 16balaobf/3 - 68. jpg", title: "旱村标本", slink: "http: //news. qq. com/photon/huozhe/balao. htm"}]
uedFocus571628. imgShowId = "uedFocus571628_ img";}
</ script >
```

我们最终看到的页面通常都是通过 HTML、CSS 和 JavaScript 三者的配合来实现的，其中 HTML 和 CSS 是必不可少的手段，JavaScript 脚本只是在需要添加互动效果的时候才去使用。

第二节　样式表语言基础

在这一节中，我们将讨论 CSS 的一些基础知识：如何为文档添加样式、如何创建样式表和声明。

一　使用样式表的三种方式

为网页添加 CSS 样式表的方式主要有三种，分别是：外部样式表、内部样式表和内嵌样式表。不过一般最好的选择是使用外部样式表，因为外部样式表更加符合 Web 标准所主张的内容和表现相分离的思想。

外部样式表使用 link 元素将独立的样式表文件与网页连接起来。link

元素必须放在 HTML 文档的 head 元素里面。例如：

　　< head >

　　< link　href＝"global＿v1.5.1.css"　rel＝"stylesheet"　　　　type＝"text/css"　media＝"screen"／>

　　</head >

这行代码的意思就是以 global_v1.5.1.css 文件作为 HTML 文档的 CSS 来源，我们将这种 CSS 文档称为外部样式表。

link 元素有这样几个属性：href 用来指定外部样式表存放的地址，rel 描述的是 HTML 文件和与它相连的文件之间的关系，如上例中就表示 global_v1.5.1.css 是网页的样式表。type 属性用来表述外部资源的类型，而 media 属性用来描述样式表适合的媒体类型。可以通过指定 media 的值，来为打印机、屏幕阅读器、投影仪、电视机、手机等不同的上网设备分别指定适合的样式表，这也体现了 CSS 的强大之处。表 6—1 显示的是 CSS 中可能用到的媒体类型。

表 6—1　　　　　　　　　　　**CSS 媒体类型**

类型	适用范围
all	将样式应用到所有媒体
aural	将样式应用到音频文档或具有发声装置的屏幕阅读器
braille	将样式应用到以布莱叶装置①显示的文档
embossed	将样式应用于以布莱叶装置打印的文档
handheld	将样式应用于使用便携式设备阅读的文档，如手机
print	将样式应用于打印文档
projection	将样式应用于使用投影装置显示的文档
screen	将样式应用于使用屏幕显示的文档，如计算机
tty	将样式应用到一个固定宽度字体的设备
tv	将样式应用到电视显示的文档②

①　布莱叶装置是一种使用通过阅读者用手指触摸由突起的点组成的文字进行阅读的装置，是广泛使用的针对盲人读写的装置。

②　这里的电视并非现在广泛使用的高清电视，而是早期的低分辨率电视。

也可以在多种媒体中使用同一个样式表，只需要在 media 属性中列出多种媒体名称，各个媒体名称之间用"，"隔开。例如：

　< link　href ＝"global _ v1. 5. 1. css" rel ＝"stylesheet"　　　type ＝"text/css" media ＝"screen，projection" / >

以上代码的意思是使用 global_v1. 5. 1. css 作为文档在计算机屏幕和投影仪上显示时的样式表。

除了使用 link 元素链接外部样式表之外，CSS 还可以使用 style 元素将样式信息同网页结合起来，这种方式的样式表叫做内部样式表。style 元素可以直接在页面中嵌入 CSS 样式信息，而不用将它们单独作为外部样式表保存。这尽管听起来很方便，但实际上并不符合 W3C 所力推的 Web 标准的精神——即内容和表现分离。因为样式信息被存放在网页内部，当网站改版时，则需要分别修改网页内容，这不但效率低下，而且还存在潜在的不一致的风险。

但如果我们就想基于全站的样式针对某个特定页面做小的调整，那么使用 style 元素标记内部样式表则是不错的选择。内部样式表也需要在 head 元素中使用，例如：

　< head >

　< style　type ＝"text/css" media ＝"screen"　>

　……

　</ style >

　</ head >

除了外部样式表和内部样式表之外，CSS 还提供了一种叫做内嵌样式表的机制。内嵌样式表是在具体的需要添加样式的元素中使用 style 属性。使用这种方式的样式表的场合并不多见，因为同外部样式表和内部样式表相比，内嵌样式表更加不易修改。内嵌样式表的例子如下：

　< div　style ＝"font-size：38px" >加入微博，记录点滴 </ div >

二　创建样式表

CSS 的语法非常简单，只是一些规则的列表而已。一个简单的样式表如下：

　img ｛ border：0　none；｝

a ｛ text-decoration：none；｝

a：hover ｛ text-decoration：underline；｝

将上述文本保存为后缀名为 .css 的文本文件，就可以将其作为外部样式表在网页文档中使用了。如果将其内容放在 style 元素中，就是以内部样式表的方式使用。

三　样式表规则

样式表规则由两部分组成：选择符和声明，每个声明是由属性和值组成，如上例中的：

img ｛ border：0 none；｝

其中 img 是选择符，表示后面的声明对哪些内容有效，具体到这个例子，就是对网页中的所有图片有效。位于大括号中的是声明，声明由冒号分割为两部分，前面的一部分是属性，后面的一部分是属性的值，具体到上面的例子中，声明表示没有边框，结合到一起就会产生这样的效果：网页中所有图片都没有边框。

在大括弧中，可以有多个声明，多个声明之间用分号隔开，最后一个声明的尾部可以不用写分号，在大括弧中的多个声明被称为声明块。如下：

h3 ｛

float：left；

margin：0；

padding：3px 0 0 12px；

color：#666；

font-size：13px；

font-weight：normal；

｝

在样式规则中还可以添加注释，这样就可以记住复杂的样式规则是做什么用的，方便日后修改或者同事之间进行沟通，提高工作效率。在样式规则中使用 "/＊" 作为注释的开头，使用 "＊/" 作为注释的结尾，注释中可以包含回车，但是不能包含 "＊/"。例如：

/＊背景图片 ＊/

body ｛ background：#F2F2F2；｝

bg ｛ background：#F2F2F2 url（bg_ repeat_ r. png）repeat-x；｝

第三节　CSS 选择符

选择符的作用是决定其后的样式规则对 HTML 文档中的哪一部分起作用。在 CSS 中有多种选择符可供使用，需要说明的是，早期的浏览器对选择符的支持并不完全。

一　元素选择符

元素选择符是所有选择符中最基础的，之所以叫元素选择符，是因为元素选择符使用 HTML 所规定的元素名称作为选择符，这种选择符将会把其后的样式规则应用到 HTML 文档中所有的那些元素。先看下面的例子：

body ｛

background：#F2F2F2；

｝

img ｛

border：none；

｝

在上例中的 body 就是 HTML 中的 body 元素，通过将其作为选择符，HTML 文档中的 body 元素的外观会受其后的 background：#F2F2F2 规则的影响，即背景颜色为#F2F2F2。同样，img 表示选择 HTML 文档中的所有 img 元素即图片，所有图片的边框为 0。

二　类选择符

尽管元素选择符非常方便，但在有些时候，仅仅使用元素选择符是不够灵活的，如在新闻页面中，有些新闻标题需要特殊处理（如加粗或变色），如图 6—3 所示：

在场山西球迷称马布里没打人　山西老板发道歉信：深刻检讨

蔡振华：挑有集体主义精神的人战奥运　专访法国奥委会主席

微博　｜　基翁微访谈献策中国足球　c罗分享欧冠精彩图片

图 6—3　特殊处理的新闻标题

这个时候仅靠元素选择符是无法区分使用同一元素标记的内容，但我们可以使用类选择符或 ID 选择符来实现上述效果。类选择符会将其后声明的样式规则应用到指定类别的元素中去。图 6—3 中的 HTML 代码部分如下：

< a　target ＝ " _ blank" href ＝ " http：//sports. qq. com/others/tabletennis. htm" >蔡振华：挑有集体主义精神的人战奥运 </a >

< a　class ＝ " lchot" target ＝ " _ blank" href ＝ " http：//2012. qq. com/zt2012/visit/index. htm" >专访法国奥委会主席 </a >

我们可以看到在变红的超级链接中，使用了 class 属性，并为其赋值为 lchot，这样我们就可以在样式表中针对这种类（class）书写单独的规则。在 CSS 中，类选择符的表示方法是在类名称的前面加 "."。例如上图中的 CSS 规则如下：

lchot ｛

color：red；

｝

这个 CSS 会将所有 class 属性等于 lchot 的元素的内容颜色变为红色。我们也可以将元素选择符和类选择符一起使用，就像这样：

a. lchot ｛

color：#BD0A01；

｝

这个规则只对 class 属性等于 lchot 的 a 元素起作用，而不是 class 属性等于 lchot 的所有元素，也就是说 "a. lchot" 选择符比 ". lchot" 选择符更加明确和具体。元素的 class 属性值可以是多个，多个值之间用空格分隔。有多个类别的元素，其外观同时受多个类选择符所代表的样式声明的控制。例如：

< a　class ＝ " tico lchot" target ＝ " _ blank" href ＝ " http：//

t. qq. com/Kobe" >收听 </a>

三　ID 选择符

ID 选择符同类选择符比较相似，主要的区别有两点：第一，在 HT-ML 中，我们可以为不同的元素指定相同的 class 值，但是，ID 属性的值只能是唯一的。第二，在 CSS 中类选择符的表示方法是在 class 属性值之前加 "."，而 ID 选择符的表示方法是在 id 属性名称之前加 "#"。

< div id = "main" >

<p >这是主容器 </p >

</div >

如果要为上面 HTML 中的 div 添加样式，我们可以使用 id 选择符：

#main {

width: 400px;

}

或者

div#main {

width: 400px;

}

四　后代选择符

后代选择符是 CSS 选择符中最需要初学者掌握的一种选择符，当我们完全理解了后代选择符时，它会变得十分有效率，否则，我们就要在 HTML 文档中添加不必要的 class 和 id 属性。理解后代选择符的关键是要充分利用好 HTML 文档的分层式结构。HTML 文档中的元素都具有相关联的关系，这种关系最形象的类比就是祖先与后代的关系。如下例：

< body >

< h2 > < a href = "http://health. qq. com" >食品安全 </a > </h2 >

< ul >

< li > < strong > < a href = "000026. htm" target = "_ blank" >卫生部：各地可根据当地情况在食盐中浮动加碘 </a > </strong > </li >

<li><a href＝"000767. htm" target＝"_ blank"＞媒体调查人造鸡蛋称传闻十余年从未发现实物</a></li>

</ul>

</body>

本例中的顶级元素中 body，其直接包含着两个子元素 h2 和 ul，因此我们把这里的 body 叫做父元素，h2 和 ul 叫做子元素。子元素仍然可以包含子元素，如上例中 ul 又包含着 li 元素，第一个 li 元素又有子元素 strong，元素 strong 又包含子元素 a。这样 body 元素就是这些元素的祖先元素，而其他的可以统称为后代元素。我们可以使用下面的元素节点树来表示这些元素之间的关系，如图 6—4 所示：

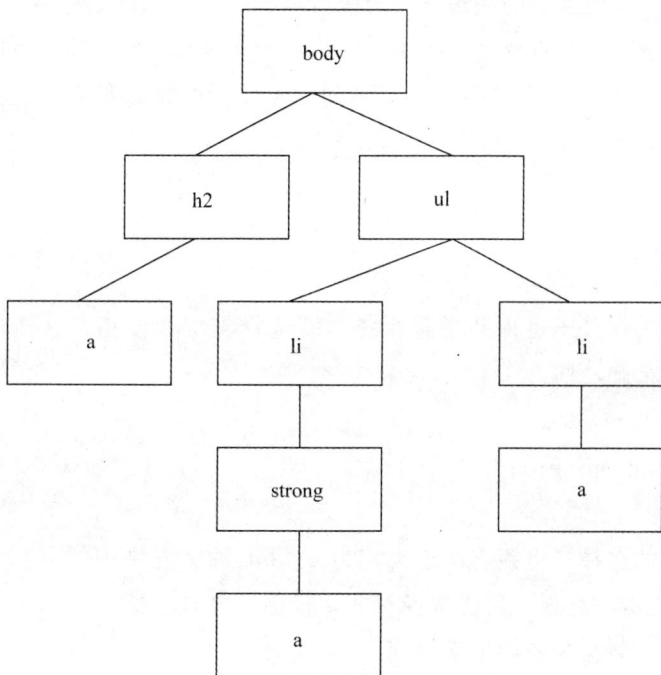

图 6—4　HTML 元素节点树

后代选择符就是根据 HTML 文档中元素之间的继承关系来选择元素，后代选择符的表示方法是在两个元素选择符（或元素选择符和其他选择符的组合）之间插入一个空格。如我们想让 h2 元素包含的超级链接颜色为红色，而其他的超级链接颜色为蓝色。就可以这样书写 CSS：

```
a {
color：blue；
}
h2 a {
color：red；
}
```

这里出现了一个需要解释的地方，按照 CSS 的机制，选择符越具体，其优先级别越高，具体到上例中，h2 a 表示的是位于 h2 元素中的 a 元素，而 a 表示的是所有的 a 元素，h2 a 比 a 更明确具体，故而 h2 a 后代选择符的优先级别高于元素选择符 a，这样 h2 元素中的超级链接文本颜色为红色，其他地方的超级链接为蓝色。

后代选择符在选择文档树中较深位置的元素时非常有效，可以不借助 id 或 class 属性，使 HTML 文档更加简洁干净。如我们要锁定上例中位于 li 中的 a 元素，就可以这样：

```
ul li a {
color：#ccc；
}
```

后代选择符还可以和类选择符、id 选择符组合使用，这样锁定元素就会更加精确。如：

```
q_ tpL div. l26 {
padding-top：3px；
}
```

上述的选择符将锁定位于类别为 q_ tpL 的父元素中的类别为 l26 的 div 后代元素。总之，后代选择符非常灵活，并且功能强大，合理使用后代选择符，将会为我们带来便利。

五 伪类选择符

伪类选择符主要应用在超级链接的不同状态的设置上——区分用户访问过的超级链接和没有访问过的超级链接。CSS 提供的伪类选择符，使得网络编辑人员不用事先知道用户具体访问的某个链接，就可以对它们进行预定义，相比于之前的 class 属性是针对文档中的明确元素，伪类没有明确的指向，故而得名伪类。

最常使用的伪类举例如下：

a：link   ｛color：red｝   /*未访问过的链接   */

a：visited   ｛color：blue｝   /*访问过的链接   */

a：hover   ｛color：yellow｝   /*鼠标悬停在链接时   */

a：active   ｛color：lime｝   /*链接处于激活状态时   */

需要说明的是，超级链接伪类选择符的书写顺序是固定的，不能随意组合，也就是说，必须按照未访问、已访问、悬停和激活的顺序使用伪类选择符。

伪类选择符也可以和其他选择符组合使用，以达到更加灵活的限定效果，如：

td：hover[①] ｛

background-color：gray；

｝

六　伪元素选择符

伪元素选择符在新闻网站中的应用并不常见，只是在需要为段落的第一个字母设定独特效果的时候才有使用。常见的伪元素选择符有：

p：first-letter ｛

font-size：2em；

｝

p：first-line ｛

color：red；

｝

其中 first-letter 是指元素文字中的第一个字母，first-line 是指文字中的第一行。除 first-letter、first-line 之外，伪元素选择符还有 after、before 等，其中 after 伪元素选择符常用在一种清除浮动方式中，具体在后续章节中将进行介绍。

_____

① IE6 以及之前的版本只支持 a 元素的 hover 伪类，不支持其他元素的 hover 伪类选择符。

七　其他没有得到浏览器广泛支持的选择符

在 W3C 组织公布的 CSS 参考中，还有许多灵活的选择符可供内容制作者使用，如相邻选择符、子元素选择符、特性选择符、属性选择符等等，但由于其浏览器支持不够广泛和完善，因此在实际的网页制作中很少使用，这种情况在我国尤为严重。以 IE6 为代表的早期版本的浏览器对于 CSS 的支持不尽完美，甚至有错误。IE6 是微软公司在 2001 年发布的一款浏览器，集成在当时占主流地位的操作系统 Windows XP 中。虽然微软公司已在 2009 年推出了 IE8.0，2011 年推出了 IE9.0 并鼓励 IE6 用户升级到高版本，甚至专门为 IE6 的彻底废弃设立了倒计时网站（http：//www.ie6countdown.com）。但在我国由于盗版的原因，Windows XP 平台在中国的占有率居高不下，据微软统计，截至 2012 年，中国 IE6 用户比例为 23.6%，而实际上由于我国用户除了使用 IE6 之外，还有诸如使用 IE 内核的 360 浏览器、搜狗浏览器、腾讯浏览器等，根据我国专业流量统计网站 CNZZ 的数据统计来看，使用 IE6 内核上网的用户应该远高于 23.6%。

也就是说，在我国还有一定数量的用户使用 IE6 或者基于 IE6 内核开发的浏览器。这使得我们国家的新闻网站（包括其他主流网站）无法在其网站内容的生产过程中使用 CSS 的一些新特征，其中包括上述的一些能带来更加灵活运用的选择符。

八　选择符的串联

所有的选择符都可组合或者串联使用，这也使得简单的 CSS 规则有时变得比较复杂。例如：

```
#bottom_nav div.bottom.followqq {
color：red；
}
```

它表示的是，任何 id 为 bottom_nav 的元素中，包含 class 的值等于 bottom 的 div 元素中，包含的任何 class 等于 followqq 的元素的文本颜色为红色。实际上上述选择符从本质上看是个后代选择符，只不过在后代选择符的限定层次更多而已。从这儿也可以看出，大多数的选择符都是需要和后代选择符组合使用的。

九　选择符的分组

在 CSS 中，我们可以使用逗号将不同的选择符隔开，让这些不同的选择符在一起声明样式规则。如：

```
body，div，p，table，h1 {
margin：0；
padding：0；
}
```

就等同于对下面 CSS 代码的效果，显然，使用分组更加简洁。

```
body {
margin：0；
padding：0；
}
div {
margin：0；
padding：0；
}
p {
margin：0；
padding：0；
}
table {
margin：0；
padding：0；
}
h1 {
margin：0；
padding：0；
}
```

第四节　优先级别

CSS 的灵活强大之处还体现在样式规则的优先级别上。网络编辑人员可以基于全站的样式增加特定专题页面的样式，这也意味着网络编辑人员书写的规则可能和已有的规则有冲突的地方，比如在主站的文字大小如下设定：

```
body {
font-size：14px；
}
```

而编辑人员根据需要将某一段落的文字大小做了调整：

```
div. content {
font-size：12px；
}
```

那么，这个 div 中的文字大小到底是多大呢？14px 还是 12px？要回答这个问题，我们就必须掌握 CSS 中的优先级别。理解这一点，是掌握 CSS 的关键。

当出现多个地方声明了同一个元素的样式时，CSS 会按照层叠（Cascade）的原则来综合考虑元素的继承关系、选择符的特殊性以及样式出现的先后顺序来考虑，具体的顺序如下：

首先找到文档中某个元素和属性的所有样式声明，如果相关的选择符与元素匹配，则应用样式声明。

浏览器会首先应用浏览器自身的默认样式，然后再应用用户（浏览网页的人）指定的样式（如果有的话），接着是作者（制作网页的人）的样式表（如果有的话），最后才是用户指定的样式表中的!important 规则（如果有的话）。

特别的、明确的规则会覆盖替换掉那些较笼统的规则。

如果多个规则同时对同一个元素有效，并且权重、来源相同，则靠后出现的规则会覆盖掉稍早出现的规则。

按照第三条原则，我们可以将前面的各种选择符的明确性做如下排列

（从笼统到特别）：

元素选择符。

类选择符。

ID 选择符。

因此，我们前面提出的问题，即 body 元素选择符和 div. content 选择符的优先级别哪个高，已经有了明确答案，那就是 div. content 的级别高于 body 选择符，div 元素中的字体大小应该为 12px。

同样我们还可以列举出如下的例子：

h1 < div h1 < h1. title < div. content h1 < div#main h1

h1 是一个元素选择符，它会锁定文档中所有的一级标题。

div h1 将锁定文档中所有位于 div 元素中的一级标题，比 h1 更明确。

h1. title 将锁定文档中所有 class 值等于 title 的一级标题，比 div h1 更明确。

div. content h1 将锁定文档中所有 class 属性等于 content 的 div 元素中一级标题，比 h1. title 更明确。

div#main h1 将锁定文档中所有 id 属性等于.main 的 div 元素中的一级标题，又比 div. content h1 更明确，原因在于 id 属性的权重大于 class 属性。

当两个规格在权重、来源上相同时，它们的优先级别取决于出现在文档中的先后顺序。如下例中最终 div 元素的字体大小为 14px：

div. content {

font-size：12px；

}

div. content {

font-size：14px；

}

最后，需要特别说明的是!important 声明。当一个规则中使用了!important 声明后，这个规则的优先级别就会变为最高级别。如：

div. content {

font-size：12px !important；

}

```
div  div. content  {
font-size：14px；
}
```

尽管 div div. content 选择符的优先级别高于 div. content，正常情况下，应该采用 div div. content 所限定的元素，但是由于 div. content 的规则使用了!important 声明，所以最终 font-size 的大小为 12px，而不是 14px。

第五节　字体、文本

使用 CSS 可以修改文本的字体、大小、粗细、倾斜、行间距、缩进方式、颜色等，对于新闻页面而言，大部分内容都是以文字的形式出现，因此，文本的相关样式表的属性和值需要熟练掌握。

一　选定字体系列

通常情况下，中文页面的字体为宋体字，但新闻标题的字体会指定为更加醒目的黑体字或其他字体。如图 6—5 所示：

孟苏铁：听不到群众的意见是最危险的

http://www.sina.com.cn 2012年02月07日22:49 云南网

图 6—5　通过字体的不同强调新闻标题

在 CSS 中通过 font-family 属性来实现字体的指定，其中字体名称应该用单引号或者双引号包围起来。如：

```
h1  {
font-family：“黑体”；
}
```

虽然在语法上我们可以指定任何字体，但是在用户浏览时，只会看到他们的系统中已经安装的字体，没有安装的字体会被系统默认的字体代替，在中文系统中，默认的字体为宋体字，常见的字体还有黑体、楷体、仿宋。

二　指定替代字体

有时为了兼顾各种设备，我们需要为文字指定不止一种字体，这些字体在不同的设备中名称可能不同。如下：

body {

font-family：“宋体”，“sans-serif”；

}

浏览器会首先使用宋体来显示文本，当系统中没有安装宋体字时，才会使用替代字体 sans-serif。替代字体可以有多个，分别用逗号隔开。

三　创建斜体

斜体常常用来表示引述、人名、外语单词等内容的表示。斜体效果使用 font-style 属性来控制，font-style 有 3 个值：italic、oblique、normal，分别表示使用字体的倾斜版本来显示字体、使用计算机动态倾斜文字以及按正常字体显示。如：

em {

font-style：italic；

}

四　应用粗体

在新闻页面中，加粗的显示效果比较常见，是常规的、有效的强调内容的手段（见图 6—6）。

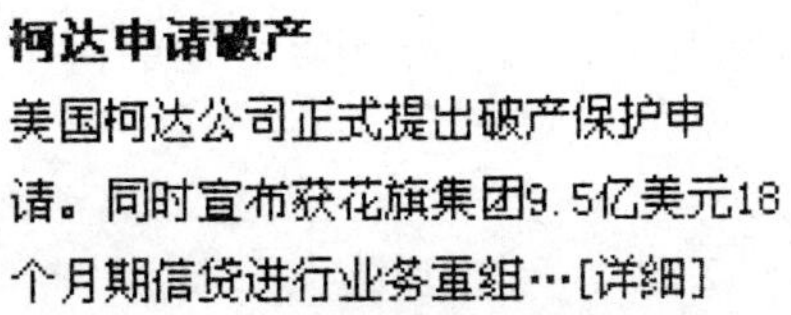

柯达申请破产
美国柯达公司正式提出破产保护申
请。同时宣布获花旗集团9.5亿美元18
个月期信贷进行业务重组…[详细]

图 6—6　通过加粗字体强调内容

使用样式表的 font-weight 属性可以灵活地控制字体的粗细，如：

```
em  {
font-weight：bold；
}
```

font-weight 只有两种表示方法，一种是从 100—900 之间的 100 的倍数；一种是 lighter、normal、bold 以及 bolder。

五　设置字体大小

在 CSS 中，使用 font-size 属性为字体指定大小，最常使用的字体大小的设置有两种方式：直接指定为多少单位 px 的字体大小，或以父元素为基准的相对大小（em 或百分比）。实际上不管是 px 还是 em、百分比，在 CSS 参照资料中，都属于相对长度单位，相对长度单位指的是会随着设备的变化而变化的长度单位，如 em 表示相对于父元素字体大小，px 表示的是像素。

如何理解相对长度单位呢？想象一下使用投影仪的情景吧，尽管投影仪投影在屏幕上的画面和计算机屏幕上的画面大小差距很大，但是它们却拥有同样的分辨率，1 个像素单位在计算机屏幕上的大小远远小于投影仪投影在远处屏幕上的 1 个像素。

与相对单位相对应的是绝对单位，常见的绝对单位有毫米 mm、厘米 cm，这些单位在不同设备上的大小是一致的，但绝对单位在实际工作中很少使用。

使用 px 的实例如下：

```
p  {
font-size：10px；
}
```

表示段落的字体大小为 10px。使用百分比的例子如下：

```
body  {
font-size：62.5%；
}
```

通常情况下，浏览器的默认字体大小为 16px，而 16px 的 62.5% 恰好也为 10px。使用 em 单位的例子如下：

body {

font-size：0.625em；

}

上面的声明和百分比类似，1em 相当于 100%。通过 em 和前面的系数，基于浏览器的默认大小值 16px 计算出 body 的字体大小为 10px。

六 设置行间距

为了增强文字的易读性，我们通常要调整段落中的文字行间距，使用比较大的行间距能够提高文字的可识别性。对于一些不重要的信息，我们可以缩小行间距，使之显得更加紧凑。在 CSS 中，使用 line-height 属性来控制行间距的大小，它的值除了可以采用相对单位、绝对单位和百分比之外，还可以是没有单位的数字。例如：

p {

font-size：16px；

line-height：1.75；

}

上例段落中文字的行间距最终等于 28（16×1.75）像素。

七 同时设置所有字体值

除了能够使用 font-family、font-size、line-height、font-weight 分别设置字体字型、字体大小、行间距和粗细外，CSS 还提供了 font 属性用以快速设置字体属性。font 属性的设定非常灵活，可以是上述几种属性的自由组合，但字体大小的属性值出现在设置字体系列的前面，如果有行间距的话，行间距必须直接出现在字体大小后面，用斜杠连接。如：

p {

font：bold 16px/1.75 "宋体"；

}

上述规则设定段落元素的字体加粗、字体大小为 16 像素，行间距为 28（16×1.75）像素，采用宋体字型。

再如：

p {

font：16px"宋体"；

}

上述规格规定段落元素采用宋体字型、字体大小为 16px，其他属性为 normal。

八　设置颜色

在 CSS 中，可通过 color 属性为元素指定字体颜色。color 属性的值有三种表示方法：颜色名称、十六进制颜色值和 rgb 函数形式的颜色值。其中颜色名称只能在预设的 16 种颜色名称中选择，这 16 种预设的颜色名称分别是：black、silver、gray、white、maroon、red、purple、fuchsia、green、lime、oliver、yellow、navy、blue、teal、aqua。如：

p {

color：black；

}

上述规则将使段落的颜色为黑色。

color 属性的值还可以采用 16 进制来表示，如：

p {

color：#333333；

}

#表示其后的数值为 16 进制，通常情况下是 6 位数字，分别表示 RRGGBB，即红色分量的颜色值、绿色分量的颜色值、蓝色分量的颜色值。如果#RRGGBB 分别都由重复数字组成，那么还可以简写成为#RGB。

除了使用颜色名称、16 进制之外，颜色值还可以通过 rgb 函数表示，如：

p {

color：rgb（25%，25%，30%）；

}

其中 rbg 函数的三个参数值分别表示的是红色、绿色和蓝色的颜色分量。

九　控制字间距

通常情况下，中文字符的字间距不用做额外的调整，但有时由于版面空间有限，需要将较长的标题安排在某个固定的空间内，在不删除字数的情况下，我们可以利用 CSS 提供的 letter-spacing 属性来增加或缩小中文字符之间的间距。letter-spacing 的值是带单位的数字。如：

```
h2 {
letter-spacing：-2px；
}
```

上述规则将使二级标题中字符之间的距离在原有基础上缩小 2 个像素。

和 letter-spacing 相关联的另外一个属性是 word-spacing，word-spacing 用来调整单词之间的距离，由于汉字中的单个汉字被认定为字母，因此 word-spacing 在中文网页中的应用非常少。

十　首行缩进

CSS 使用 text-indent 属性来控制文本的首行缩进。text-indent 的值必须是有单位的数值，如 2em 或 18px 等。如果数值为正，则是首行缩进，如果数值为负，则是悬挂缩进。大多数情况下，新闻的正文内容中的段落都要求首行缩进两个字符，则可以这样设置规则：

```
p {
text-indent：2em；
}
```

十一　对齐文本

CSS 中使用 text-align 来控制文本的对齐方式。text-align 的取值可以是 left、right、center、justify，分别对应左对齐、右对齐、居中以及两端对齐。如：

```
p {
text-align：left；
}
```

表示左对齐段落中的文字。

十二 装饰文本

CSS 还提供了对文本进行简单装饰的属性 text-decoration。该属性的值有 5 个：underline、overline、line-through、blink、none，分别表示下划线、上划线、删除线、闪烁①以及取消装饰效果。例如：

a：hover {

text-decoration：underline；

}

上述样式的效果是当鼠标滑过或停留在超级链接上时，超级链接中的文字出现下划线。

十三 其他

字体除了上述属性外，还有些中文环境下不大常用的属性，如 white-sapce、text-transform、word-spacing、font-variant。感兴趣的读者可自行查找参考资料学习。

第六节 列表样式

在新闻网站中，列表的使用是非常频繁的，在网站首页、栏目首页、专题首页甚至在新闻正文页面中都能看到列表的应用。CSS 提供了控制列表外观的一些手段。

一 选择标志

在创建列表时，我们可以选择列表项目左侧出现的标志形式。如下面是一个简单的无序列表的 HTML 部分代码：

< ul >

< li > < a href = "00184. htm" >揭秘 APP 应用幕后刷量产业链 < /a

---

① IE 不支持闪烁效果，但 Firefox 支持。

> < /li >

 < li > < a href = "00001. htm" >小米手机宣布第五轮开放购买 < /a > < /li >

 < li > < a href = "00180. htm" >中关村卖场签约承诺不售假货 < /a > < /li >

 < li > < a href = "00193. htm" >谷歌风投建设计团队助力投资 < /a > < /li >

 < /ul

  在默认情况下，无序列表项目之前的标记使用实心圆点，对于嵌套在里面的无序列表使用空心圆点。不过，我们可以通过 CSS 提供的 list-style-type 属性来更改默认外观，list-style-type 的值可以是 disc（实心圆点）、circle（空心圆点）、square（实心方块）、decimal（阿拉伯数字）、upper-alpha（大写字母）、lower-alpha（小写字母）、upper-roman（大写罗马字母）、lower-roman（小写罗马字母）、lower-greek（小写希腊字母）、none（无标志）等等。如：

 li ｛

 list-style-type：circle；

 ｝

  显示效果如图 6—7：

- 揭秘APP应用幕后刷量产业链
- 小米手机宣布第五轮开放购买
- 中关村卖场签约承诺不售假货
- 谷歌风投建设计团队助力投资

图 6—7 改变列表标志

二 使用定制标志

  尽管 CSS 提供了一系列标志符号，但这些符号大多数在中文语境中无法使用，并且不够美观，CSS 还提供了一种自定义列表项目标志的方法，即 list-style-image。list-style-image 的值是 URL，用来指定图片存放的位置。如：

li ｛

list-style-image：url（"skin_1.0.0.png"）

｝

将上述样式应用到之前的 HTML 文档的效果如图 6—8 所示。

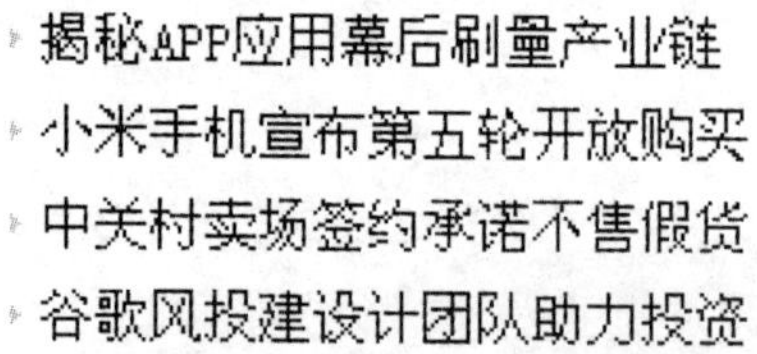

揭秘APP应用幕后刷量产业链
小米手机宣布第五轮开放购买
中关村卖场签约承诺不售假货
谷歌风投建设计团队助力投资

图 6—8　定制列表图像标志

三　控制标志位置

在默认情况下，列表项的标志是与列表项目中的文字缩进对齐的，见图 6—9：

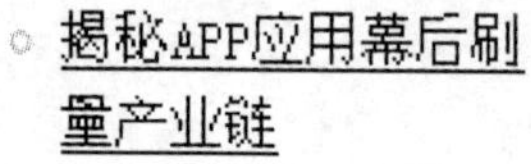

揭秘APP应用幕后刷
量产业链

图 6—9　默认列表标志位置

CSS 提供了 list-style-positon 属性来控制标志位置，list-style-position 有两个值：outside 和 inside，分别表示在内容外侧和在内容中，其中 outside 是默认值。

li ｛

list-style-position：inside；

｝

上面的样式规则应用效果如图 6—10 所示：

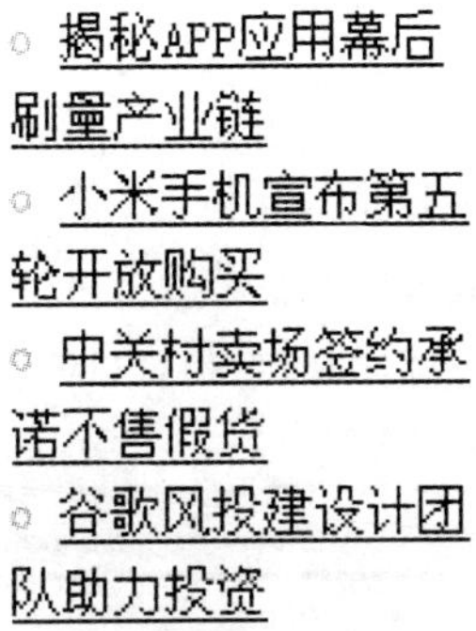

○ 揭秘APP应用幕后
刷量产业链
○ 小米手机宣布第五
轮开放购买
○ 中关村卖场签约承
诺不售假货
○ 谷歌风投建设计团
队助力投资

图 6—10 标志缩排

四 同时设置所有列表样式

同 font 属性类似，CSS 提供了 list-style 元素来快速设置列表的多个样式，list-sytle 的值可以是 list-style-type、list-style-position、list-style-image 三个属性的任意组合，而且这三个属性的顺序也是可以随意调整的。不过当同时指定了 list-style-type 和 list-style-image 时，list-style-image 的值会覆盖 list-style-type。

li {

list-style：circle outside；

}

上述规则表示列表项目使用空心圆圈作为标志，标志位于列表内容的外侧。

第七节　盒模型、定位与布局

在理解 CSS 是如何控制页面显示效果的时候，我们必须要掌握盒模型（Box Model）和定位（position）机制。CSS 借助于盒模型和定位机制，结合文档树，能够精确、高效地控制内容在页面中的位置，从而实现页面的布局。

一 盒模型

绝大多数和内容有关的 HTML 元素[①]，在页面的呈现过程中，都遵循 CSS 制定的盒模型（Box Model），盒模型是一个包含外边距、边框线、内边距以及内容的矩形容器。具体如图 6—11 所示：

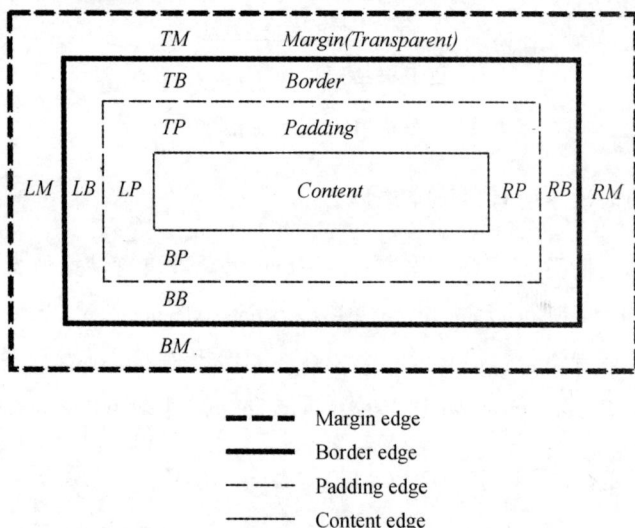

图 6—11 盒模型

资料来源：W3C CSS2.1 参考手册

从图 6—11 我们可以看到，元素的盒模型由外边距（margin）、边框线（border）、内边距（padding）以及元素的内容（content）构成，CSS 对外边距、边框线、内边距的控制可以分方向进行，也可以整体控制，如图 6—11 中的 TM 就表示上侧外边距、LM 表示左侧外边距、RM 表示右侧外边距、BM 表示底侧外边距。

在 CSS 中，直接用来描述盒模型的属性有 margin、border、padding、width、height。

———————

① 有些元素如 head、meta、style、script 等，不会被浏览器显示出来，它们的大小为 0。

需要注意的是，CSS 提供的宽度属性（width）和高度属性（height）指的是内容区域（content）的宽度和高度，而不是整个盒模型的宽度和高度。整个盒模型的大小应该包括内外边距及边框的宽度。

盒模型的宽度 = LM + LB + LP + width + RP + RB + RM

盒模型的高度 = TM + TB + TP + height + BP + BB + BM

二 设置高、宽度

在 CSS 中，可以使用盒模型的 width 和 height 属性为大多数元素设置宽度和高度[①]。宽度和高度的值可以为百分比、带单位的长度或者是 auto。如：

#content ｛

width：90%；

height：300px；

｝

百分比的计算是按照父元素的大小来计算，而不是按照本身的大小。如果没有指定宽度和高度，就使用默认值 auto，浏览器会在显示页面的时候自动计算出长度大小。

除了 width 和 height 之外，CSS 还提供了 max-height、max-width、min-height、min-width 属性，但 IE6 并不支持这些属性，所以在目前实际工作中很少用到这些属性。

三 设定外边距

外边距用来控制元素之间的距离，在 CSS 中，使用 margin 属性来控制外边距，外边距是透明的空间量。内容之间适当的空间能够增加内容的可读性。margin 属性的值可以是带单位的长度、百分比和 auto。设置外边距的方式如下：

div ｛

margin：10px；

｝

---

① 非浮动的行内元素完全忽略 height 和 width 属性。

上述规则表示 div 元素四侧的外边距为 10 像素。

div ｛

margin：10px 20px；

｝

上述规则表示 div 元素上下侧的外边距为 10 像素，左右侧的外边距为 20 像素。

div ｛

margin：10px 20px 5px；

｝

上述规则表示 div 元素上侧的外边距为 10 像素，左右两侧的外边距为 20 像素，下侧的外边距为 5 像素。

div ｛

margin：10px 20px 0 5px；

｝

上述规则表示 div 元素上侧的外边距为 10 像素，右侧的外边距为 20 像素，下侧外边距为 0，左侧外边距为 5 像素。

除了使用 margin 统一设定元素外边距外，CSS 还提供了 margin-top、margin-right、margin-bottom 以及 margin-left 四个属性分别设定各侧的外边距。

需要特别说明的是，当元素左右两侧的外边距取值 auto 时，这个元素就会在所在容器中居中。如：

div ｛

margin：0 auto；

｝

四　设定内边距

CSS 中使用 padding 表示内边距，内边距和外边距在很多方面是相似的。padding 的值可以是带单位的长度或者是百分比。padding 属性值中没有 auto。padding 属性值可以是 1—4 个值，其意义与 margin 相同。padding 也可以分侧指定，如 padding-top、padding-right、padding-bottom、padding-left。

五　设定边框

边框是进行信息组织的一种有效手段，通过边框的使用，能够区分不同类型的信息，而且边框还是一种装饰手段，能在组织信息的同时美化页面。CSS 提供了 border-style、border-width 和 border-color 以及 border 元素来控制边框的样式、宽度以及颜色。如：

```
#footer {
border-style：dashed；
border-width：1px；
border-color：#ccc；
}
```

上述规则将使得 id 为 footer 的元素四周拥有灰色、1 个像素宽度的虚线边框。

其中 border-style 的属性值用来指定边框线的样式，默认值为 none，也就是没有边框，因此，在定义边框属性时，border-style 实际上是必须要指定的。

border-width 的属性用来指定边框线的宽度，宽度值为带单位的长度（如 1px）或关键字（thin、medium、thick），宽度默认值为 medium。

border-color 属性用来指定边框颜色，其值可以为文本、16 进制颜色值和 rgb 函数值，颜色的默认继承元素内容的颜色。

CSS 还提供了快速设定边框样式的属性——border，如上述的样式可以这样简写：

```
#footer {
border：dashed 1px #ccc；
}
```

border 的值中必须要指定的是 border-style，其他两个可以任意组合，并且对出现的先后顺序也无要求。

和 margin、padding 属性类似，border-style、border-width 以及 border-color 可以接受 1—4 个值，用以分别指定不同侧面的边框样式，如下面的样式规则使得 id 为 footer 的元素上下两侧没有边框，左右两侧的边框样式为虚线、宽度为 medium、颜色和该元素的内容颜色一致：

```
#footer {
border-style: none dashed;
}
```

最后，CSS 也提供了分别指定不同方向上边框的机制：border-top、border-right、border-bottom 以及 border-left。如下面的样式规则将使得 id 为 footer 的元素拥有 1 个像素宽的红色虚线上边框：

```
#footer {
border-top: dashed 1px red;
}
```

六 背景

CSS 中提供了为元素设定背景的功能，我们浏览的设计精良的网页，在很大程度上是灵活运用 CSS 背景实现装饰效果的。在 CSS 中，不但可以为整个网页设定背景，也可为具体元素设定背景，任何可显示出来的元素都可以设定背景样式。

CSS 通过 background-color 属性为元素设定背景颜色，颜色值的设定同 color 属性。background-color 属性的默认值为 transparent（透明）。如下例中的规则将使段落中的内容颜色为黑色，段落的整体背景色为浅灰色。

```
p {
background-color: #eee;
color: black;
}
```

一般情况下，我们会认为色块过于单调，缺少变化，因此，我们可以使用 CSS 提供的图像背景来装饰页面。在 CSS 中和图像背景有关的属性有 background-image、background-repeat、background-attachment 以及 back-ground-position。

background-image 用来指定作为背景使用的图片所在的地址，它的值为 URL 地址，默认值为 none。

background-repeat 用来设定背景图片的重复方式，background-repeat 的值有：repeat（沿水平和垂直方向平铺）、repeat-x（沿水平方向平铺）、repeat-y（沿垂直方向平铺）或者 no-repeat（不平铺显示），默认值为 repeat。

background-attachment 用来设定背景图像是否随页面一起滚动，它的值有两个：fixed（表示固定，没有滚动效果）、scroll（表示随页面一起滚动），默认值为 scroll。

background-position 用来设定背景图像的位置，位置信息有两个，第一个用来指定横向坐标，第二个用来指定纵向坐标。坐标的表示可以使用百分数、带单位的长度以及关键字（left、center、right、top、middle、bottom），默认值为 0。如：

div#footer {

background-image：url（bg. png）；

background-repeat：norepeat；

background-attachment：scroll；

background-position：center botoom；

}

上述规则为 id 等于 footer 的 div 元素指定背景图像，背景图像的来源为当前网页同级目录中的 bg. png 文件，该图片在元素背景范围内部重复，并且随网页滚动，图片的出现在 div 元素背景范围内居中靠下的位置。

七　正常流

浏览器在呈现信息时会按照元素的类型进行处理，它将块元素从上到下显示（块元素与块元素之间另起一行），将行内元素按语言方向水平显示（如汉字、英语是从左到右，维吾尔语、阿拉伯语是从右到左），行内元素直到到达容器边缘时才换行显示，这种显示元素的方式叫做页面的正常流。如图 6—12 所示：

常见的大多数元素属于块元素，如 p、table、div、li、ul、ol、object、h1-h6 等等，行内元素有 a、span、img、b、strong 等等。需要注意的是，匿名内容（即没有使用元素标签标注的内容）也按行内元素处理。

八　显示方式

块元素和行内元素可通过 display 属性改变它们的显示方式，比如在某些情景，编辑人员需要给行内元素添加高度，以改进元素的显示效果，

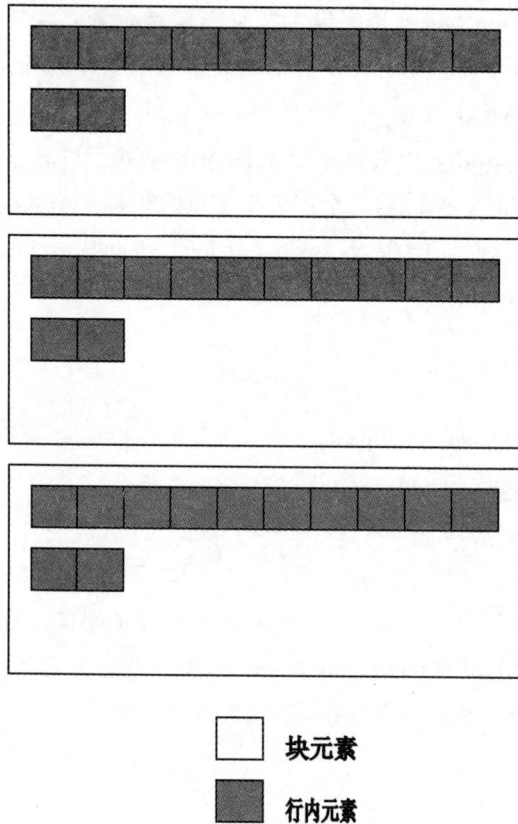

□ 块元素

■ 行内元素

图 6—12 块元素、行内元素、正常流

行内元素是无法直接通过 width 属性指定高度的，但可以通过 display 属性将其变为块元素，再为其添加高度。

Display 属性的值有多种，常用的有 block、inline、none。其中 block 将元素按照块元素方式显示，inline 将元素按照行内元素显示，none 模式将元素整体隐藏起来，相当于该元素不存在一样，元素一旦声明其 display 的值为 none，包含在内部的内容及其后代元素都会隐藏，并且其内容和后代不能再通过 display 改变显示方式。

九　相对定位

按照正常流，每个元素都有在流中的具体位置，CSS 通过相对定位，可以使得正常流中的元素脱离原有位置，出现在指定偏移量的位置上。相对定位元素周围的元素并不受影响。

　　相对定位通过 position 和偏移量共同实现。其中 position 的值为 relative 就是相对定位。偏移量是相对于该元素位置而言的，偏移量通过 top、right、left 和 bottom 方向关键词和数值完成，数值可以是百分比、带单位的长度。

　　我们先看一个正常流的例子：

＜ body ＞

＜ p ＞主体内容开始＜ span id ＝ "outer" ＞外部内容开始＜ span id ＝ "inner" ＞处于内部的内容＜ / span ＞外部内容结束＜ / span ＞主体内容结束。

＜ / p ＞

＜ / body ＞

　　上面 HTML 中 span 元素属于行内元素，p 属于块元素，为了方便设定样式，我们为 span 元素分别指定了 id 属性。这段 HTML 代码在没有样式表时的显示效果如下（见图 6—13）：

主体内容开始外部内容开始处于内部的内容外部内容结束主体内容结束

图 6—13　没有使用相对定位的正常流

　　现在我们为上述 HTML 文档添加如下样式：

body ｛

width：400px；

height：100px；

line-height：200%；

margin：10px auto；

border：1px red solid；

｝

#outer ｛

```
color：red；
position：relative；
top：-12px；
}
#inner {
color：blue；
position：relative；
top：12px；
}
```

首先我们为 body 元素设定了大小、行间距、边框线，并使之居中显示，然后为 id 等于 outer 的元素设定了红色的文本颜色，并使之相对于原有位置从顶端向上偏移 12 像素，最后为 id 等于 inner 的元素设定了蓝色的文本颜色，并使之相对于原有位置从顶端向下偏移 12 像素。实际显示效果如图 6—14 所示：

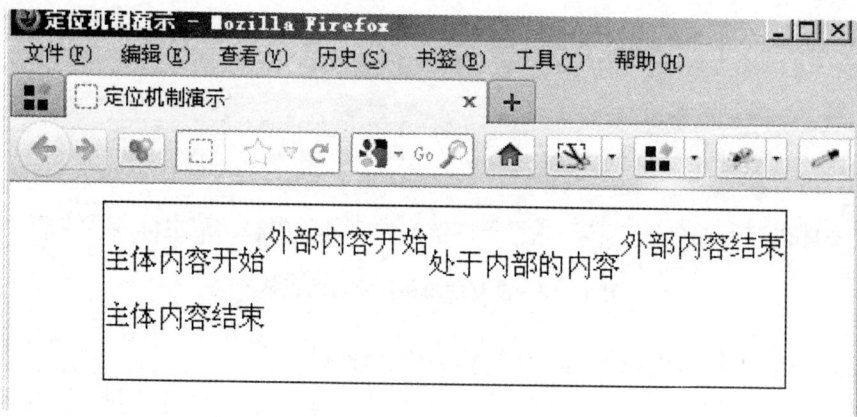

图 6—14 相对定位的效果

需要说明的是，相对定位的偏移量始终是相对于自身应该在正常流中的位置而言，以"外部内容开始处于内部的内容外部内容结束"为例，按照正常流，这段文字应该和"主体内容开始"一样高，但是由于我们使用了 position：relative；top：-12px 的偏移规则，因此这段文字就相对于它原来应该在的位置朝上偏移了 12 个像素。我们再看"处于内部的内容"，它由于处于 id ="outer"的 span 元素之中，如果没有指定相对定位方式，它应该和"外部内容开始"这段文字一样高，但由于我们使用了 position：relative；top：12px 的偏移规则，所以"处于内部的内容"这段文字就相对于它应该在的位置，从顶端向下偏移了 12 个像素。

十　绝对定位

绝对定位的情况要比相对定位稍微复杂一些，首先绝对定位的参照系不是自身，而是指定的元素（如果没有指定参照系，则相对于 body 元素），另外，使用了绝对定位的元素会从正常流中脱离出来，其他元素会取代它原有的位置。

还是以上面的 HTML 为例，我们为其添加如下的样式规则：

body ｛

width：400px；

height：100px；

line-height：200%；

margin：10px auto；

border：1px red solid；

｝

#outer ｛

color：red；

border：1px red solid；

position：relative；

top：－12px；

｝

#inner ｛

color：blue；

border：1pxblue solid；

position：absolute；

top：12px；

left：12px；

｝

最终效果如下:

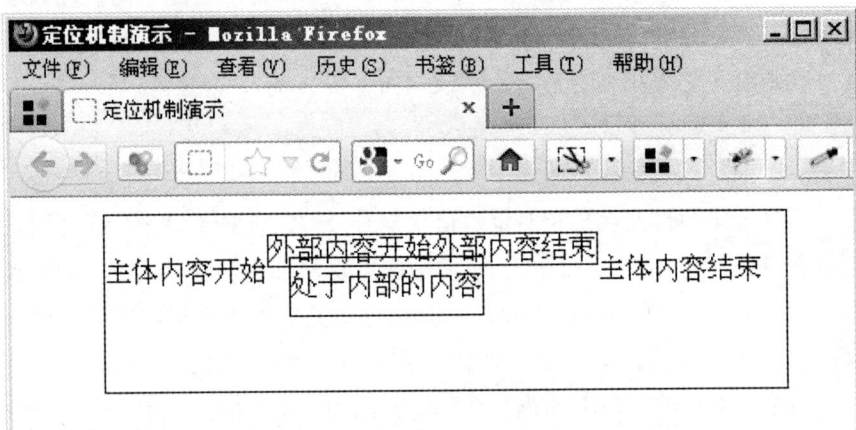

图6—15 绝对定位的效果（指定参照元素）

我们可以从图6—15中看到，使用了绝对定位后，原本位于"外部内容开始"和"外部内容结束"之间的文本脱离了正常流，其他元素不受它的影响，而由于我们在id等于outer的元素上使用了相对定位，因此，id等于inner的元素就以outer为参照坐标，以outer的位置计算inner的位置，即从上往下偏移12像素，从左往右偏移12像素。

我们如果不指定relative定位，就像这样：

```
body {
width：400px;
height：100px;
line-height：200%;
margin：10px auto;
border：1px red solid;
}
#outer {
color：red;
border：1px red solid;
}
#inner {
```

```
color：blue；
border：1pxblue solid；
position：absolute；
top：12px；
left：12px；
}
```

就会产生这样的效果（如图 6—16 所示）：

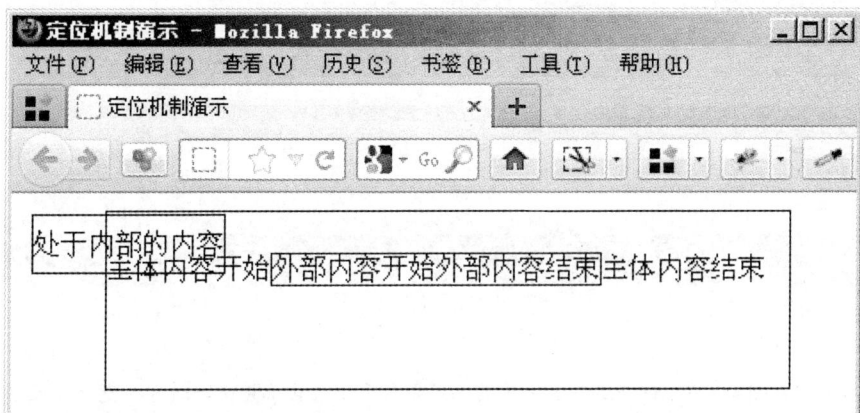

图 6—16 绝对定位的效果（没有指定参照元素）

当我们没有使用 position：relative 指定参照元素时，绝对定位就会以 body 元素作为参照，即以页面左上角为原点计算偏移量。

绝对定位经常和相对定位配合来使用，如在幻灯片、图片集等交互应用中，常使用相对定位和绝对定位来控制按钮、图片的准确位置。

十一　固定定位

盒模型定位还有一种较为常见的方式固定定位（position：fixed），固定定位方式与绝对定位有相似之处，它都会使得盒模型脱离正常流，而且它的位置的计算和绝对定位是一样的，不同点在于，使用了固定定位的盒模型在浏览器使用滚动条时一直固定在指定的某个位置①。

———————————

① position：fixed 在 IE6 不能使用，但有一些修补这个问题的解决方案，读者可自行搜索。

在新闻网站中，常使用固定定位实现全局性的导航条的效果，具体实例见图 6—17：

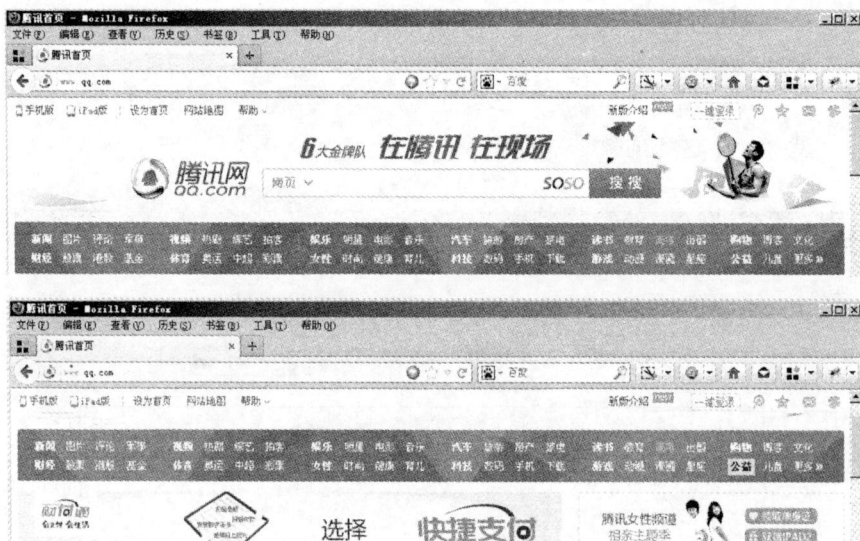

图 6—17　使用了固定定位的导航条在下拉滚动条时位置固定不变

图 6—17 的全局导航条（包含"手机版、iPad 版、设为首页"等字样的导航条）使用了如下 CSS 设定：

mininav {

background-color：#FDFDFD；

background-position：left top；

background-repeat：repeat-x；

border-bottom：1px solid #EBEBEB；

height：28px；

left：0；

position：fixed；

top：0；

width：100%；

z-index：999；

}

其中 position：fixed 用来指定全局导航条 mininav 的定位模式为固定定位，left 和 top 的值都为 0，表示导航条的位置出现在浏览器的左上角，它的位置计算参考依据和绝对定位相同，当没有指定相对定位的元素时，绝对定位和固定定位都以 body 元素为参照系。

十二　浮动

除了相对定位和绝对定位能控制元素在正常流的位置之外，CSS 还提供了浮动（float）机制来控制元素在正常流中的位置，在实际工作中，float 属性是主要的定位、排版手段。从页面栏目的划分到图片的定位，大都通过 float 属性实现。

浮动的值有 left、right 和 none，其中左浮动将会使得块元素浮动向所在父元素的左侧，其后续的内容将出现在该元素的右侧，并和该元素的顶端对齐。右浮动刚好相反，none 则没有浮动效果。

先看一段 HTML 代码：

```
<! DOCTYPE html PUBLIC " -//W3C//DTD XHTML 1.0 Transitional//EN" "http：//www. w3. org/TR/xhtml1/DTD/xhtml1-transitional. dtd" >
< html xmlns = "http：//www. w3. org/1999/xhtml" >
< head >
< meta http-equiv = "Content-Type" content = "text/html; charset = utf-8" / >
< title > 浮动 </title >
< style >
#head {
border：1px #CCC solid；
width：410px；
height：100px；
margin-bottom：10px；
}
#main {
border：1px #CCC solid；
width：400px；
```

```
height：200px；
margin-bottom：10px；
padding：5px；
}
#left {
border：1px #CCC solid；
width：198px；
height：198px；
}
#right {
border：1px #CCC solid；
width：193px；
height：198px；
margin-left：5px；
}
</style>
</head>
<body>
<div id = "head" >头部</div>
<div id = "main" >
<div id = "left" >左侧</div>
<div id = "right" >右侧</div>
</div>
</body>
</html>
```

这段代码的显示效果见图6—18：

下面，我们为 left 和 right 添加浮动属性。float 属性有三个值：none（不浮动）、left（左浮动）、right（右浮动），其中 none 是默认值。盒元素必须为其指定明确的宽度值，才能应用浮动属性。

```
#left {
border：1px #CCC solid；
```

图 6—18　没有使用浮动效果的元素按正常流显示

width：198px；

height：98px；

float：left；

}

#right {

border：1px #CCC solid；

width：193px；

height：98px；

margin-left：5px；

float：left；

}

显示效果见图 6—19：

图 6—19   使用了浮动效果的元素

我们看到，id 为 right 的 div 元素和 id 为 left 的 div 元素在同一水平位置上显示，并非另起一行。浮动的方向是针对使用了浮动元素的位置而言的，并不应用于其后的元素。另外一定要注意，如果一个元素没有宽度大小，则不能指定浮动效果。

常见的图文混排效果，就是通过浮动来实现，如图 6—20 所示：

罗崇敏：安全不保 何谈教育
罗崇敏，中共云南省委高校工委
书记，云南省教育厅长 [详细]

王旭明：如何避免惨剧再发生
王旭明，教育部语文出版社社
长，原教育部新闻发言人 [详细]

图 6—20   使用了浮动实现图文混排

上例内容的 HTML 关键代码如下：

＜ div　class ＝ "item"　＞

＜ div　class ＝ "img_ area"　＞

＜ a　target ＝ "_ blank"　href ＝ "http：//zhibo. qq. com/mbask/1844/ index. html"　＞

＜ img　src ＝ "http：//t3. qlogo. cn/mbloghead/72f0353448bac74e1d86/ 50" alt ＝ "罗崇敏：安全不保 何谈教育" title ＝ "罗崇敏：安全不保 何 谈教育"　＞

＜/a＞

＜/div＞

＜ div　class ＝ "text_ area"　＞

＜ h5 ＞

罗崇敏，中共云南省委高校工委书记，云南省教育厅长

＜ a　class ＝ "more"　target ＝ "_ blank"　href ＝ "http：//zhi- bo. qq. com/mbask/1844/index. html"　＞［详细］＜/a＞

＜/div＞

＜/div＞

＜ div　class ＝ "item"　＞

＜ div　class ＝ "img_ area"　＞

＜ a　target ＝ "_ blank"　href ＝ "http：//zhibo. qq. com/mbask/1833/ index. html"　＞

＜ img　src ＝ "http：//t3. qlogo. cn/mbloghead/ca99366b03bb20d692bc/ 50" alt ＝ "王旭明：如何避免校车惨剧一再发生" title ＝ "王旭明：如何 避免校车惨剧一再发生"　＞

＜/a＞

＜/div＞

＜ div　class ＝ "text_ area"　＞

＜ h5 ＞

＜ a　target ＝ "_ blank"　href ＝ "http：//zhibo. qq. com/mbask/1833/ index. html"　＞王旭明：如何避免惨剧再发生＜/a＞

＜/h5＞

王旭明，教育部语文出版社社长，原教育部新闻发言人

< a class = "more" target = "_ blank" href = "http：//zhi-bo. qq. com/mbask/1833/index. html" > ［详细］ </a>

</div>

</div>

在这个例子中，图片和文字分别作为内容放在 div 元素中，这两个 div 容器为"img_ area"和"text_ area"，"img_ area"和"text_ area" 是 div 容器的类名称（使用了 class 属性），这两个 div 元素又是类名为 i-tem 的容器的内容，类名为 item 的 div 元素可以重复使用，如上例中，就有两个类名为 item 的 div 元素。三个 div 元素之间的关系见图 6—21：

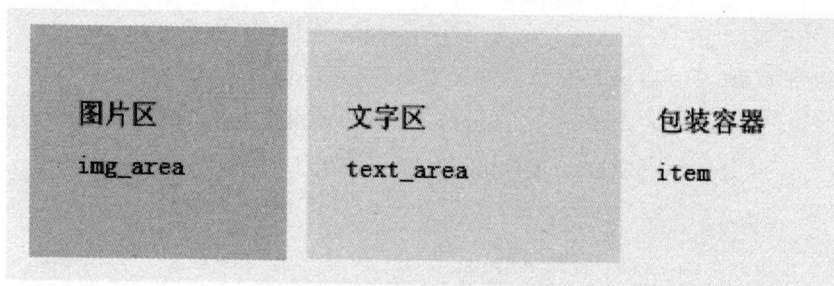

图片区
img_area

文字区
text_area

包装容器
item

图 6—21 div 包含关系

如果不使用浮动，文字没有办法完美环绕在图片周围，将图片放入类名为 img_ area 的 div 元素中，并把文字放在类名为 text_ area 的 div 元素中，使用如下样式，即可达到图 6—21 所展示的效果：

img_ area ｛

float：left；

padding：3px 10px 0 0；

width：auto；

｝

text_ area ｛

line-height：20px；

｝

item ｛

padding：0 5px 5px；

text-align：left；

　　}

　　其中花括弧外面的 ".img_ area" 为选择符，.img_ area 表示该选择符为类选择符，对应 HTML 中 class 为 img_ area 的元素，如上例 HTML 中的 < div class = "img_ area" > ，"float：left" 表示选择符对应的元素将左浮动，"padding：3px 10px 0 0；" 语句声明选择符对应元素上右下左的内边距分别为 3 像素、10 像素、0 和 0，最后 width 表示该元素的宽度将根据所包含内容的大小计算而来。另外两个 CSS 规则用来设定文字区域的行间距和整体的内边距、对齐方式。

　　在这个例子中，我们看到了浮动的特点，首先，类名为 img_ area 的 div 元素声明了左浮动的规则，这样，这个 div 元素就改变了它默认的块元素显示方式，而是尽可能地向父元素（类名为 item 的 div 元素）的左上角靠齐，并且，它右侧的空间将会被后续的元素所填充，因此，尽管类名为 text_ area 的 div 元素没有声明浮动，但它还是占据了类名为 img_ area 元素的右侧空间。这样，我们就达到了图文混编的效果。

十三　清除浮动

　　从上面的例子中，我们清楚地看到，使用了浮动属性的元素将会影响到其后的内容。这种影响有时候是我们期望的，有时候是我们所不乐见的。如图 6—22 所示：

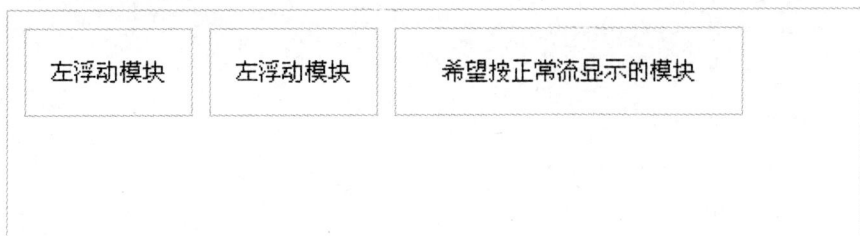

图 6—22　没有清除浮动时，左浮动后面的内容会尽可能地向左向上靠齐

图中的 HTML 及 CSS 如下：

　　< ! DOCTYPE html PUBLIC " – //W3C//DTD XHTML 1.0 Transition-

al//EN" "http：//www. w3. org/TR/xhtml1/DTD/xhtml1-transitional. dtd" >

< html xmlns = "http：//www. w3. org/1999/xhtml" >

< head >

< meta http-equiv = "Content-Type" content = "text/html; charset = utf-8" / >

< title > 浮动清除实例 </title >

< style type = "text/css" >

body {

font-size：14px;

text-align：center;

}

item {

height：115px;

width：500px;

border：1px #ccc solid;

padding：10px;

margin：20px;

}

float_ area {

border：1px #ccc solid;

width：100px;

float：left;

margin：0 10px 10px 0;

}

normal_ area {

border：1px #ccc solid;

width：210px;

}

float_ area，. normal_ area {

height：50px;

line-height：50px;

```
        }
        </style >
        </head >
        < body >
        < div  class = "item" >
        < div  class = "float_ area" >左浮动模块 </div >
        < div  class = "float_ area" >左浮动模块 </div >
        < div  class = "normal_ area" >希望按正常流显示的模块 </div >
        </div >
        </body >
        </html >
```

在上面的代码中，类名为 float_ area 的 div 元素使用了左浮动，但是我们不希望类名为 normal_ area 的 div 元素正常显示，也就是另起一行显示时，我们就必须使用 clear 属性来清除浮动，如图 6—23 所示。

clear 的值有 left、right、both 和 none，其中 left 表示清除左浮动，right 表示清除右浮动，both 表示清除左、右两侧的浮动影响，而 none 表示不清除浮动。

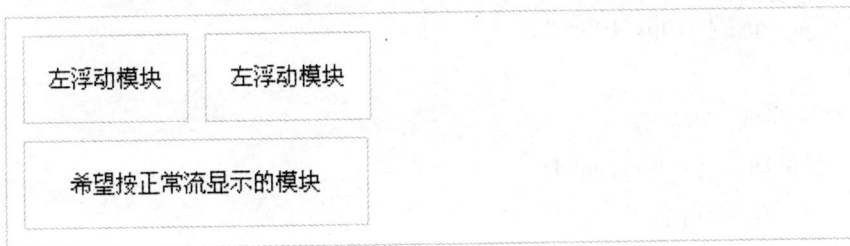

图 6—23　清除浮动后，左浮动后面的内容位置正常

图 6—23 中的 HTML 和 CSS 如下：

```
< ! DOCTYPE html PUBLIC " –//W3C//DTD XHTML 1. 0 Transitional//EN" "http: //www. w3. org/TR/xhtml1/DTD/xhtml1-transitional. dtd" >
< html xmlns = "http: //www. w3. org/1999/xhtml" >
< head >
< meta http-equiv = "Content-Type" content = "text/html; charset =
```

utf-8" / >

   < title > 浮动清除实例 </title >

   < style type = "text/css" >

body {

font-size: 14px;

text-align: center;

}

item {

height: 115px;

width: 500px;

border: 1px #ccc solid;

padding: 10px;

margin: 20px;

}

float_ area {

border: 1px #ccc solid;

width: 100px;

float: left;

margin: 0 10px 10px 0;

}

normal_ area {

border: 1px #ccc solid;

width: 210px;

clear: both;

}

float_ area, . normal_ area {

height: 50px;

line-height: 50px;

}

   </style >

   </head >

```
< body >
< div  class = "item"  >
< div  class = "float_ area"  > 左浮动模块 < / div >
< div  class = "float_ area"  > 左浮动模块 < / div >
< div  class = "normal_ area"  > 希望按正常流显示的模块 < / div >
< / div >
< / body >
< / html >
```

在本例中，我们需要类名为 normal_ area 的 div 元素不和左浮动模块并排显示，而是另起一行，因此，我们为其声明了 "clear：both" 的 CSS 规则，该规则表示将类名为 normal_ area 的 div 元素不受之前左右浮动元素的影响，具体到上例中，"clear：both" 完全可以用 "clear：left" 代替，显示效果是一致的。

除了上述的方法外，我们还可以在需要清除浮动的地方插入空白 div，为其声明内嵌样式表，在样式表中声明 clear 属性即可。如下例所示：

```
< div  class = "item"  >
< div  class = "float_ area"  > 左浮动模块 < / div >
< div  class = "float_ area"  > 左浮动模块 < / div >
< div  style = "clear：both;"  > < / div >
< div  class = "normal_ area"  > 希望按正常流显示的模块 < / div >
< / div >
```

这种方法对于初学者容易理解和掌握，但内容为空的 div 元素，在语义上并不十分完美，我们会在后面的章节中了解到另外一种实际工作中广泛采用的清除浮动的办法。

十四　溢出显示

元素边框范围固定，但是填充在其中的内容却是变化的，比如广告位、新闻标题等，当内容的大小超过板块的大小时，如果不作相应的声明，内容的边界会超过板块边界，可能会破坏整体页面的布局。

在 CSS 中，可通过 overflow 属性来控制超出元素边框范围之外内容的显示方式。Overflow 属性的值为 visible、hidden、scroll、auto。其中 visible

意味着显示超出边框之外的内容，hidden 表示不显示超出部分、scroll 表示如果内容超出边框，将通过滚动条来显示，auto 将会根据内容和边框的大小自动判断是否使用滚动条。具体区别见图 6—24：

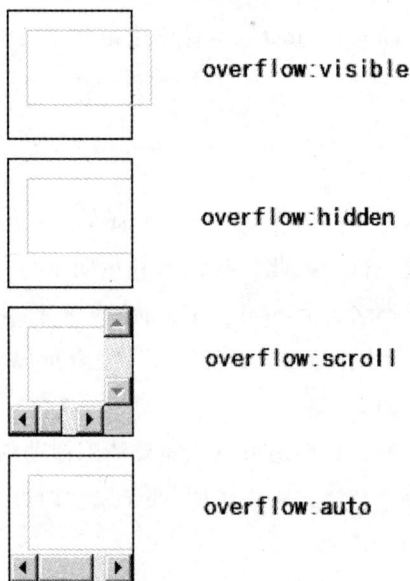

图 6—24　overflow 各个值的区别

图 6—24 的 HTML 和 CSS 代码如下：

< ! DOCTYPE html PUBLIC "–//W3C//DTD XHTML 1.0 Transitional//EN" "http：//www.w3.org/TR/xhtml1/DTD/xhtml1-transitional.dtd" >

< html xmlns = "http：//www.w3.org/1999/xhtml" >

< head >

< meta http-equiv = "Content-Type" content = "text/html; charset = utf-8" / >

< title >控制溢出显示效果< /title >

< style type = "text/css" >

body {

padding：20px；

}

```
visible, . hidden, . scroll, . auto {
height: 50px;
width: 50px;
border: 1px #000 solid;
padding: 10px;
margin: 10px;
}
visible {
overflow: visible;
}
. hidden {
overflow: hidden;
}
scroll {
overflow: scroll;
}
auto {
overflow: auto;
}
content {
height: 40px;
width: 70px;
border: 1px #ccc solid;
}
</style >
</head >
< body >
< div  class =  "visible"  >
< div  class =  "content"  > </div >
</div >
< div  class =  "hidden"  >
```

```
< div  class = "content" > </div >
</div >
< div  class = "scroll" >
< div  class = "content" > </div >
</div >
< div  class = "auto" >
< div  class = "content" > </div >
</div >
</div >
</body >
</html >
```

在代码中我们可以看出，作为元素内容的类名为 content 的 div 宽 70 像素，其所在容器的宽度为 50 像素，超出的部分，可采用 overflow 来控制其是否显示及显示方式。

第 七 章

JavaScript 基础

　　JavaScript 是一种脚本语言，所谓脚本实际上就是一段嵌入到其他文档中的程序，用来完成特定的功能。JavaScript 脚本经常用来检验浏览器，相应用户动作、验证表单数据及实现动态特效等。在新闻网站中，JavaScript 扮演的角色逐渐增多，正在蚕食着原本由 Flash 所占据的领地，如新闻幻灯片、焦点图、事件时间线、新闻地图等等。在 Web 标准中，行为层的实现目前是以 JavaScript 脚本为主，可以这样说，JavaScript 是事实上的浏览器端脚本。

　　尽管 JavaScript 是作为给非程序人员的脚本语言，而非作为给程序人员的编程语言来推广和宣传，但其本质是一门编程语言，对于普通网络编辑人员而言，没有必要完全掌握它，只需了解其基础知识，能够使用成熟工具完成特定效果即可，故而本章内容的安排侧重于 JavaScript 的具体应用。

第一节　JavaScript 简介

一　JavaScript 的特点

　　JavaScript 是一门可以运行在浏览器端的脚本语言。它与浏览器的结合使它成为世界上最为流行的编程语言之一，但它不是所谓的主流编程语言，在对这门语言没有太多了解，甚至对编程都没有什么了解的情况下，用户也能用它解决工作中的一些问题。

　　JavaScript 是事件驱动的语言。当用户在网页中进行某种操作时，就产生了一个"事件"。事件几乎可以是任何事情：单击一个网页元素、鼠标的移动等等均可视为事件。JavaScript 是由事件驱动的，当事件发生时，它可以对之作出响应。具体如何响应某个时间由编写的事件响应处理程序完成。

JavaScript 是一种基于对象的语言，基于对象的语言含有面向对象语言的编程思想，但比面向对象语言更简单。它本身已包含一些创建完成的对象，通常情况下都是使用这些已创建好的对象。

JavaScript 是一种容易学习和掌握的编程语言。与其他编程语言相比，JavaScript 学习难度较低，学习资源丰富，由于 JavaScript 大多数情景都是在浏览器端使用，因此，用户可以通过查看源代码来学习，很多网站将所使用的 JavaScript 脚本都是开放的，可以下载学习并使用。

Javascript 是一种跨平台的脚本语言。JavaScript 的运行依赖于浏览器本身，与操作环境无关，只要能运行浏览器的计算机，并支持 JavaScript 的浏览器就可正确执行。

二　JavaScript 的用途

JavaScript 可以完成以下任务：

（一）JavaScript 为 HTML 提供了一种程序工具，弥补了 HTML 语言在功能上的局限。HTML 只是一种标记语言，它的作用是将网页的内容通过标记组织起来，JavaScript 为其提供了实现动态交互和输出的一种途径，它可以很好地结合 HTML 标记语言实现复杂的应用。

（二）JavaScript 可以为 HTML 页面动态添加内容。用户可以传递数据至 JavaScript 脚本，再由 JavaScript 修改 HTML 内容。

（三）JavaScript 能响应一定的事件。当某些事件发生时，如键入内容、鼠标滑过、页面装载完毕等等，JavaScript 都可以根据事件作出响应。

（四）JavaScript 可以动态地获取和改变 HTML 的元素属性和 CSS 属性，从而动态地创建内容和改变内容的显示。

（五）JavaScript 可以检验数据，这在验证表单时候特别有用，在用户提交数据之前就可以保证数据的正确性，既能减轻服务器压力，又能使用户有更好的体验。

（六）JavaScript 可以检验用户的浏览器，从而为用户提供更好的页面显示效果。

（七）JavaScript 可以创建和读取 Cookie，根据保留在 Cookie 中的数据，调整页面内容，提供更加个性化的服务。

尽管 JavaScript 能够完成很多复杂的应用，但由于浏览器安全性的考虑，JavaScript 有一些固有的限制，这些限制包括：

（一）JavaScript 不允许读写客户端文件。唯一的例外是，JavaScript 可以读写 Cookie 文件，但是也有一些限制。这些限制能避免恶意程序传播病毒木马、窃取用户信息。

（二）JavaScript 不允许写服务器端文件。尽管网页中有大量数据需要从服务器端读取和写入，如用户提交的投票信息、新闻评论、点击量等等，但是 JavaScript 不允许向服务器写入文件，通常都是利用服务器端脚本，如 PHP、ASP 程序来完成服务器文件的操作。

（三）JavaScript 不能读取已经打开的其他窗口的信息，因此，JavaScript 无法知晓浏览当前网页的用户还在访问哪些其他站点。

（四）JavaScript 不能操纵不是由它打开的窗口，这是为了避免一个站点关闭其他任何站点的窗口，从而独占浏览器，强制用户接受信息。

（五）JavaScript 调整浏览器窗口的大小和位置时，不能将窗口设置得很小或者移出屏幕之外。

三 在网页中插入 JavaScript 的方法

就像在 HTML 中使用 CSS 一样，必须通过适当的方法将 JavaScript 和 HTML 结合起来使用，JavaScript 只有被嵌入到 HTML 中时才能对网页产生作用。和使用 CSS 的方式类似，在 HTML 中使用 JavaScript 的方式有三种，即嵌入式、行内式和链接式。

（一）嵌入式

所谓嵌入式使用 JavaScript 的方法就是利用 script 元素将脚本嵌入到网页中。Script 元素是 HTML 语言为了引入脚本程序而定义的一个标记，插入脚本的具体方法是：把脚本用 script 元素标记后，放在 HTML 文件中的 head 部分或者 body 部分。虽然 script 脚本既可以放在 head 部分，也可以放在 body 部分，但比较好的做法是将所有包含预定义函数的脚本放在 head 部分，因为 HTML 的内容在浏览器中处理时是从上到下解释的，放在 head 中的脚本比放在 body 中的脚本先处理。这样，浏览器在处理 body 中的元素内容时需要用到的 JavaScript 功能已经预先装载，减少出错的可能。

同样的道理，如果 JavaScript 脚本需要等到页面完全装载完毕才要使用，则将其放置在 body 部分末尾。

script 元素有两个必须制定的属性，language 和 type 属性，使用 script 元素标记标本的语法如下：

< script language = "JavaScript" type = "text/JavaScript" >

脚本内容

< / script >

下面的 HTML 代码创建了一行文本，当用户单击文本时，文字会改变为其他内容。

< ！DOCTYPE html PUBLIC " –//W3C//DTD XHTML 1. 0 Transitional//EN" "http：//www. w3. org/TR/xhtml1/DTD/xhtml1-transitional. dtd" >

< html xmlns = "http：//www. w3. org/1999/xhtml" >

< head >

< meta http-equiv = "Content-Type" content = "text/html；charset = utf-8" / >

< title > 嵌入式 JavaScript 案例 < / title >

< script language = "javascript" type = "text/javascript" >

function display（）{

document. getElementById（"demo"）. innerHTML = "你好，JavaScript 世界！"；

}

< / script >

< / head >

< body >

< p id = "demo" onclick = "display（）" > 单击这段文字！< / p >

< / body >

< / html >

在上述代码中，onclick = "display（）"表示当鼠标单击时执行 display（）函数功能，而 display 函数就是用 script 元素标记的嵌入式基本。

（二）行内式

所谓行内式脚本应用就是将脚本内容写在 HTML 元素的标记中，在这些标记中，将事件和相应内容写在一起。

如上例的 HTML 代码，如果用行内式的写法可以修改如下，而执行结果是完全相同的：

＜！DOCTYPE html PUBLIC "‐//W3C//DTD XHTML 1.0 Transitional//EN" "http：//www. w3. org/TR/xhtml1/DTD/xhtml1-transitional. dtd"＞

＜html xmlns = "http：//www. w3. org/1999/xhtml"＞

＜head＞

＜meta http-equiv = "Content-Type" content = "text/html；charset = utf-8" /＞

＜title＞嵌入式 JavaScript 案例＜/title＞

＜/head＞

＜body＞

＜p id = "demo" onclick = "JavaScript：this. innerHTML = '你好，JavaScript 世界！'；"＞单击这段文字！＜/p＞

＜/body＞

＜/html＞

从上述代码可以看到，行内式的写法似乎更加简洁，但是，在实际工作中，我们要尽量避免这种写法，因为行内式嵌入的脚本可读性很差，不容易维护，也不符合 Web 标准中将内容、表现、行为三者相分离的原则。但从效率的角度来讲，如果某个功能要反复使用，则行内式的写法将会过于烦琐，反倒是其他写法会更加简洁。故而，行内式使用脚本的方式仅限于较为简单的情况。

（三）链接式

所谓链接式就是将 JavaScript 脚本文件单独写在后缀名为 js 的文件中，然后在需要使用此脚本的网页中加入脚本文件的路径名称即可。这种方式使用的脚本可以链接到多个网页甚至多个网站中，提高了代码的重用性，也方便了维护，同时也能降低网站主机访问次数，提高网站性能。

要引用外部 js 文件，需要在合适的地方，一般为 HTML 文件的 head

部分，使用 script 元素来指定外部脚本存放的路径和名称。

还是以上述中的 HTML 为例，如果改写成链接式引用，则需要将脚本存放成单独的文件，代码如下：

```
<! DOCTYPE html PUBLIC " -//W3C//DTD XHTML 1.0 Transitional//EN" "http：//www. w3. org/TR/xhtml1/DTD/xhtml1-transitional. dtd" >
<html xmlns = "http：//www. w3. org/1999/xhtml" >
<head>
<meta http-equiv = "Content-Type" content = "text/html; charset = utf-8" />
<title>嵌入式 JavaScript 案例</title>
<script language = "javascript" type = "text/javascript" src = "display. js" > </script>
</head>
<body>
<p id = "demo" onclick = "display ( )" >单击这段文字！</p>
</body>
</html>
```

其中使用 src 属性引用的 display. js 文件存放在 HTML 文件的同一级目录中，内容如下：

```
function display ( ) {
document. getElementById ( "demo") . innerHTML = "你好，JavaScript 世界！";
}
```

第二节　JavaScript 语法基础

对于网络编辑人员而言，JavaScript 的语法可以不做全面的了解，但需要掌握 JavaScript 的基本语法，以便能配置和修改常用 JavaScript 脚本工具。

一　变量

所谓变量就是程序中数据的临时存放场所。JavaScript 的变量定义都是使用"var"关键字，示例如下：

var book ＝ "网络编辑基础教程"；

var age ＝ 35；

var male ＝ true；

上述三行代码中，var 关键字表示声明变量，变量名紧跟其后，通过等号将变量赋予变量初始值。每一行结束的分号可以不写，但书写分号后，能增强代码的可读性。

变量的名称必须遵循以下规则：

（一）首字符必须是字母、下划线或美元符号。

（二）其余字母可以是下划线、美元符号、任意字母或者数字。[1]

（三）变量名称不能是关键字或保留字。[2]

（四）变量名对大小写敏感。

（五）变量名中不能有空格、回车符或其他标点字符。

二　运算符

运算符用于将一个或多个值运算成结果。在 JavaScript 中，常用的运算符有以下几种类别：

（一）算术运算符

算术运算符能对操作数进行运算，返回一个数值型的值。常见的有"＋"、"－"、"＊"、"／"。

（二）关系运算符

关系运算符（见表 7—1）通常用于检查两个操作数之间的关系，返回值为 true 或 false。

---

[1]　变量名称可以是中文，但习惯上还是以英文单词为变量名称。

[2]　保留字就是在程序设计中有特殊用途的名称，JavaScript 的保留字读者可自行查询。

表 7—1　　　　　　　　　　　　　关系运算符

运算符	说明	例子	结果
= =	是否相等	5 = ="5"	true
= = =	是否全等	5 = ="5"	false
! =	是否不等	5! ="5"	false
! = =	是否不全等	5! ="5"	true
>	是否大于	5 > 8	false
<	是否小于	5 < 8	true
> =	是否大于等于	5 > = 8	false
< =	是否小于等于	5 < = 8	true

（三）逻辑运算符

逻辑运算符用来判断操作数之间的逻辑关系，返回值为 true 和 false。JavaScript 支持以下三种逻辑运算符（见表7—2）。

表 7—2　　　　　　　　　　　　　逻辑运算符

运算符	说明	例子	结果
&&	逻辑与	5 > 3 && 4 > 3	true
| |	逻辑或	5 > 3 | | 3 > 5	false
!	逻辑非	! (3 > 5)	true

（四）赋值运算符

赋值运算符是使用最多的运算符，常见的赋值运算符就是"="，它将右边的值赋予等号左边的变量。

（五）连接运算符

连接运算符"+"能将字符串连接起来构成一个新的字符串。如：

var txt1 = "网络编辑"；

var txt2 = "基础教程"；

var txt3 = txt1 + txt2；

变量 txt3 的结果是"网络编辑基础教程"。

三 数据类型

JavaScript 支持的数据类型较丰富，常用的类型有字符串、数值型、布尔型、数组以及对象。

（一）字符串

字符串由多个字符构成，字符可以是字母、数字、标点符号或空格。字符串必须放在单引号或者双引号中。例如：

var txt1 = "网络编辑基础教程"；

（二）数值型

在 JavaScript 中，数值型数据不区分整数和小数，数值型和字符型数据的区别是数值型数据不用引号括起来。例如：

var num1 = 54；

var num2 = 5.4；

（三）布尔型

布尔型数据的取值只有两个：true 和 false。布尔型数据不能用引号括起来，否则就变成字符串了。

（四）数组

字符串、数值型和布尔型变量在任意时刻只能存储一个值。如果要用一个变量存储多个值，就需要使用数组。

在 JavaScript 中，使用 array 关键字来定义数组，在定义中，可以声明数组的大小，也可以不声明数组中元素的个数。例如：

var country = new array (180)；   //定义了数组的大小

var mybooks = new array ( )；   //没有定义数组的大小

mybooks [0] = "网络媒体教程"；   //为数组 mybooks 的第一个元素赋值

mybooks [1] = "网络编辑基础教程"；   //为数组 mybooks 的第二个元素赋值

当无法预知数组的大小时，声明数组就可以不用指定个数。除了使用 array 关键字定义数组外，还可以直接使用方括号定义数组，数组中的元素要用逗号隔开，最后一个元素后没有逗号。如：

var site = ["腾讯"，"新浪"，"搜狐"，"网易"]；

四 条件语句

条件语句可以使程序按照预先设置的条件进行判断处理，从而执行特定的任务。在 JavaScript 中提供了 if 语句、if else 语句和 switch 语句三种条件判断语句。

（一）if 语句

if 语句是最基础的条件语句，当条件为真时，执行花括弧中的语句块，格式如下：

if（表达式）{

语句块；

}

（二）if else 语句

这种格式表示满足某个条件时，执行相应的语句块，否则执行最后一条。格式如下：

if（表达式1）

{语句块1；

}

else if（表达式2）

{ 语句块2；

}

else if（表达式3）

{ 语句块3；

}

else {语句块 n；

}

（三）switch 语句

当根据一个值的不同情况作出反应时，使用 switch 语句最为简洁，switch 语句格式如下：

switch（表达式）{

case 值1：语句1；

break；

case 值 2：语句 2；

break；

case 值 n：语句 n；

break；

default：语句；

}

五　循环语句

JavaScript 中的循环语句有 for 语句、for... in 语句、while 语句以及 do... while 语句。

（一）for 语句

for 语句不断执行循环体中的语法块，直到指定的条件不满足为止，并且在每次循环后处理计数器。语法如下：

for（初始表达式；循环条件表达式；计数器表达式）{

语句块；

}

（二）for... in 语句

for 语句适合已知循环次数的情况，当对象未知时，可以使用 for... in 语句来达到循环的目的。语法如下：

for（property in expression）{

语句块；

}

（三）while 语句

while 循环语句先执行条件判断，条件满足后，执行循环体内的语句块。语法如下：

while（循环条件表达式）{

语句块；

}

（四）do... while 语句

与 while 语句不同，do... while 先执行循环体中的语句块，再判断循环是否继续。语法如下：

```
do {
语句块；
} while（循环条件表达式）；
```

六　函数

函数是可重复使用的代码块，可以用来完成特定的功能，函数可以接受不同的数据，根据数组的不同完成预定的操作。函数使用关键字 function 定义名称，语法如下：

```
function 函数名称（参数 1，参数 2，…，参数 n）{
语句块；
［return［表达式］；］
}
```

函数名称的要求和变量名称要求相同，多个参数之间用逗号隔开，参数可以为空。return 语句表示结束函数返回调用函数的地方，"return［表达式］"可以返回一个数据。其中 return 语句及其后的表达式不是必需的，只在必要的时候才使用。

七　对象

对象是人们要进行研究的任何事物，从简单的字符串到复杂的窗口内容等均可看作对象，它不仅能表示具体的事物，还能表示抽象的规则、计划或事件。对象具有属性，一个对象用数据值来描述它的状态。对象还有方法，用于改变对象的状态和执行特定的功能。对象实现了数据和操作的结合，使数据和操作封装于对象的统一体中。

用来描述对象特征的一组数组，也就是若干变量，通常称为对象的属性。比如网页中某张图片的宽度和大小。引用对象属性的常见方式就是通过点运算符实现引用。例如：

img. width ＝ "300px"；

用来操作对象特征的若干动作，也就是若干函数，通称为对象的方法。比如新建窗口、打开窗口、改变窗口的大小等。方法的使用类似于属性，只不过在点运算符后的是函数。例如：

windows. close（）；//关闭窗口

在 JavaScript 中，其本身预设了许多对象，比如日期、数组等，而且 JavaScript 还可以自定义各种对象。

八　浏览器对象模型

由于网页是在浏览器中运行的，因此 JavaScript 提供了一系列对象以便同浏览器窗口进行交互。这些对象有 window、navigator、location、document、screen 和 history 等，这些对象通称为浏览器对象模型（Browser Object Model），简称 BOM。

BOM 提供了独立于页面内容而与浏览器窗口进行交互的对象，其中 window 对象是整个 BOM 的核心，所有对象和集合都以某种方式与 window 对象关联。

navigator、location、document、screen 和 history 是 windows 对象的子集，document 对象又包含若干子对象（location、forms、anchors、images、links、embeds、applets），BOM 中的对象关系如图 7—1 所示：

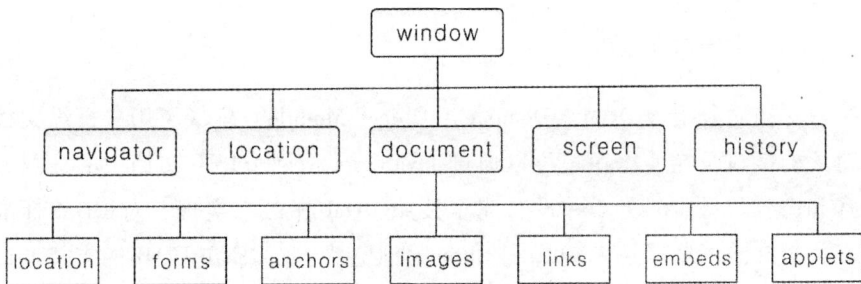

图 7—1　BOM 对象关系图

（一）window 对象

window 对象表示整个浏览器窗口，但不包括其中的页面内容。使用 window 对象可以直接对浏览器窗口进行操作。window 对象提供可以主要功能有：调整窗口大小和位置；打开新窗口和关闭窗口；系统提示框；状态栏控制；定时操作。

（二）navigator 对象

navigator 对象主要用来检查客户端浏览器信息、浏览器版本、操作系统的类型等等。navigator 对象最常用的属性是 userAgent，该属性能读取浏览器及操作系统的信息。

（三）location 对象

location 对象的主要作用是分析和设置页面的 URL 地址，其中 location. herf 属性用于获得和设置窗口的 URL。

（四）screen 对象

screen 对象主要用来获取用户计算机的屏幕信息，包括屏幕的分辨率、屏幕的颜色深度等信息。

（五）history 对象

history 对象主要用来控制浏览器的后退和前进。它可以访问历史页面，但不能获取历史页面的 URL。

（六）document 对象

从 BOM 的角度看，document 对象是一系列集合构成，这些集合可以访问文档的各个部分，并提供页面自身的信息。由于 BOM 没有统一标准，各种浏览器中的 document 对象特性并不完全相同，因此要使用各类浏览器都支持的通用属性和方法。常用的属性有 title、lastModified 等等。

九　文档对象模型

文档对象模型 DOM（Document Object Module）定义了用户操纵文档对象的接口，它使得用户可以通过 JavaScript 访问 HTML 文档中的任意元素和内容。目前浏览器并没有完全按照 DOM 标准来实现，对 DOM 标准支持最好的浏览器是 Firefox 和 Chrome 浏览器，而 IE 在 DOM 的支持上最为落后，而且不同的浏览器还有一些特有的 DOM 特性。

对于每一个 DOM 节点 node，都有一系列的属性、方法可以使用，总的来说利用 DOM 可以完成以下应用：

（一）访问指定节点；

（二）访问相关节点；

（三）访问节点属性；

（四）检查节点类型；

（五）创建节点；

（六）操作节点。

十　事件

事件是 JavaScript 和 DOM 之间进行交互的桥梁，当某个事件发生时，通过它的处理函数执行相应的 JavaScript 代码。对于用户而言，常用的事件无非是鼠标事件、HTML 事件和键盘事件。常见事件见表 7—3。

表 7—3　　　　　　　　　　　　　　常见事件

事件名	描述
onClick	点击鼠标左键时触发
onmouseover	鼠标指针移动到元素上时触发
onmouseout	鼠标指针移出元素时触发
onload	页面完全加载后触发
onBlue	元素或者窗口失去焦点时触发
onFocus	元素或者窗口获得焦点时触发
keydown	按下键盘某个按键时触发
keyup	释放按键时触发

第三节　jQuery 框架

即便掌握了 JavaScript 脚本的基本知识，用户在使用 JavaScript 开发时，需要面临着一个重大的挑战，那就是不同浏览器对 Web 标准的支持不尽一致，往往大部分时间和精力花在解决浏览器兼容性的问题上。另外，常见的 JavaScript 应用如果在每次内容制作中都要重写的话，工作效率将是非常低下的。为此，很多开发者提供了框架来解决上述问题。常见的 JavaScript 框架有 jQuery、Prototype、Mootools 等等，这些框架的出现极大地改变了开发者使用 JavaScript 的习惯，其中 jQuery 框架的使用最为广泛。

一　jQuery 的主要特点

（一）jQuery 大大简化了选取 DOM 局部内容的步骤，可以灵活高效地选择页面内容。

（二）引入 jQuery 后，开发人员不再需要考虑复杂的浏览器兼容问题，可以更加轻松地处理事件，提高脚本的稳定性。

（三）jQuery 内置了可自定义参数的动画效果，简化了应用动画效果的过程。

（四）jQuery 还提供了很多附加的功能简化了常用的 JavaScript 操作，如对数组的操作、异步交互等等。

（五）jQuery 使用最新的 CSS3 标准，即便不支持 CSS3 的浏览器，也能通过脚本达到 CSS3 的效果，极大地丰富网页的表现形式。

（六）jQuery 是一个开源软件，围绕着 jQuery 已经建立了良好的"生态系统"，用户众多，文档齐全，同时还有许多成熟的插件可供选择，学习成本较低。

二 下载并使用 jQuery

jQuery 官方站点（http：//www. jquery. com）提供了最新的 jQuery 框架下载，jQuery 是一个轻量级的 JavaScript 框架，所谓轻量级是说它根本不需要安装，因为它就是一个外部 js 文件，使用时直接将该文件用 script 链接到自己的页面中即可，代码如下：

< script src = "jquery. min. js" type = "text/javascript" > </script >

由于 jQuery 已广泛使用，类似于 Google、Microsoft 这样的网络巨头，都提供了 jQuery 的公共存放服务。因此，我们可以直接使用存放在微软或者其他公司站点上的 jQuery。举例如下：

< script src = "http：//ajax. aspnetcdn. com/ajax/jquery/jquery-1. 8. 0. min. js" type = "text/javascript" > </script >

需要说明的是，jQuery 的不同版本之间，存在兼容性问题，低版本中运行良好的脚本在高版本的 jQuery 中可能无法正常运行。这也是使用这一类框架的弊端之一。

第四节　**JavaScript 应用**

一　焦点图

焦点图在网络新闻站点中使用比较普遍，这类高级网页元素的使用，能为网页内容带来动态效果，增添一些网页内容呈现的活力，而且，由于它是以图片的形式呈现信息，也能更加吸引用户的注意力。焦点图的特点是图片选择具有视觉冲击力，图片的超链接指向具体新闻页面，图片每隔固定间隔自动切换。焦点图的案例如图 7—2：

甘肃校车事故幼儿园被接管后重新开园　　1 2 3 4

图 7—2　焦点图

利用 jQuery 及其插件，网络编辑人员可高效地完成焦点图的制作，基于 jQuery 的焦点图插件有很多种，我们选择名为 kinslideshow 的插件。Kinslideshow 的下载地址为 http：//js. alixixi. com/demo/652/。下载解压后可以得到 kinslideshow 的脚本和说明文件。下面分步来实现焦点图效果。

（一）写结构代码，将图片及其说明文字和链接地址加入网页中，图片的说明文字将出现在焦点图的标题栏中，图片的宽和高将成为焦点图的大小。结构代码如下：

　　< div id ＝ "KinSlideshow" style ＝ "visibility：hidden；" >

　　< a href ＝ "http：//news. qq. com/zt2011/gansuxiaoche/" target ＝ "_ blank" > < img src ＝ "images/1. jpg" alt ＝ "甘肃正宁县一幼儿园校车被撞" width ＝ "306" height ＝ "230" / > </a >

　　< a href ＝ "http：//news. qq. com/zt2011/gansuxiaoche/" target ＝ "_ blank" > < img src ＝ "images/2. jpg" alt ＝ "兰州民众为校车事故遇难幼儿祈福" width ＝ "306" height ＝ "230" / > </a >

　　< a href ＝ "http：//news. qq. com/zt2011/gansuxiaoche/" target ＝ "_ blank" > < img src ＝ "images/3. jpg" alt ＝ "甘肃校车事故幼儿园被接管后重新开园" width ＝ "306" height ＝ "230" / > </a >

　　< a href ＝ "http：//news. qq. com/zt2011/gansuxiaoche/" target ＝ "_ blank" > < img src ＝ "images/4. jpg" alt ＝ "《活着》：校车殇痕" width ＝ "306" height ＝ "230" / > </a >

　　</div >

　　（二）在 HTML 网页的 head 部分添加 JavaScript 代码。使用 Script 元素将 jQuery 和 kinslideshow 脚本同网页建立联系。

　　< script src ＝ "js/jquery-1. 4a2. min. js" type ＝ "text/javascript" > </script >

　　< script src ＝ "js/jquery. KinSlideshow-1. 2. 1. min. js" type ＝ "text/javascript" > </script >

　　< script type ＝ "text/javascript" >

　　$（function（）{

　　$（"#KinSlideshow"）. KinSlideshow（）；

　　}）

　　</script >

这样焦点图效果就制作好了，如果对焦点图中的标题、按钮的样式有要求，还可以通过 kinslideshow 的参数进行设置，也可以通过 CSS 进行修改。

二　选项卡

在新闻页面中，网络编辑始终要面对怎样在有限大小的屏幕中传递出更多有价值信息的问题，多项针对用户浏览行为模式的实证研究发现，用户使用浏览器浏览新闻时，对网页不同区域的内容并非使用同等注意力，人们在浏览网站时形成的习惯往往会一直保持下去，逐渐形成这个网站的注意力热点区域。这样，编辑人员就需要在有限的热点区域推广更多内容，以充分利用用户的这一习惯。除了使用焦点图之外，在实际笔记本的标签页的启发下，人们探索出选项卡，这样在点击（或滑过）选项卡时，就可以在固定大小的空间里，显示更多信息且不拥挤。选项卡实例见图7—3。

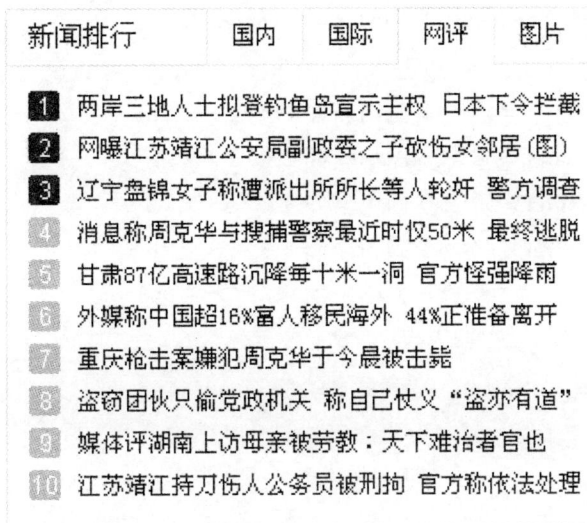

图 7—3 选项卡

下面分步实现选项卡的效果。

（一）写 HTML 代码。在 HTML 结构代码中，我们必须要让选项卡标题和内容容器建立对应关系，在下面的代码中，类名为 tabs 的无序列表项将作为选项卡标签，类名为 content 的 div 元素将作为选项卡对应的内容，对应关系通过类名为 tabs 的列表项的 title 属性和类名为 content 的 div 的 id 属性体现出来，也就是 title 为 content_ 1 的选项卡对应 id 为 content_ 1 的 div 容器。

< div id = "tabbed_ box_ 1" class = "tabbed_ box" >

```
<div class="tabbed_area">
<ul class="tabs">
<li><a href="#" title="content_1" class="tab active">国内</a></li>
<li><a href="#" title="content_2" class="tab">国际</a></li>
<li><a href="#" title="content_3" class="tab">网评</a></li>
</ul>
<div id="content_1" class="content">
<ul>
<li><a href="">国内新闻1</a></li>
<li><a href="">国内新闻2</a></li>
<li><a href="">国内新闻3</a></li>
<li><a href="">国内新闻4</a></li>
</ul>
</div>
<div id="content_2" class="content">
<ul>
<li><a href="">国际新闻1</a></li>
<li><a href="">国际新闻2</a></li>
<li><a href="">国际新闻3</a></li>
<li><a href="">国际新闻4</a></li>
</ul>
</div>
<div id="content_3" class="content">
<ul>
<li><a href="">热评新闻1</a></li>
<li><a href="">热评新闻2</a></li>
<li><a href="">热评新闻3</a></li>
<li><a href="">热评新闻4</a></li>
```

```
</ul>
</div>
</div>
</div>
```

（二）写 CSS 代码。主要是设置选项卡区域的边框、选项卡格式、选项卡内容区边框格式、列表格式。最关键的部分在于将选项卡 2、3 对应的内容区域先隐藏起来。

```
#tabbed_ box_ 1 {
margin: 0 auto;          //容器居中
width: 300px;
}
. tabbed_ area {
border: 1px solid #494e52;
background-color: #636d76;
padding: 8px;
}
ul. tabs {
margin: 0px; padding: 0px;
margin-top: 5px;
margin-bottom: 6px;
}
ul. tabs li {
list-style: none;        //取消列表项前的小黑点
display: inline;         //改变列表项显示模式，使之横向显示
}
ul. tabs li a {
background-color: #464c54;
color: #ffebb5;
padding: 8px 14px 8px 14px;
text-decoration: none;
font-size: 14px;
```

```
font-weight：bold；
border：1px  solid  #464c54；
}
ul. tabs  li  a. active  {          //设置处于激活状态的标签项格式
background-color：#ffffff；
color：#282e32；
border：1px  solid  #464c54；
border-bottom：1px  solid  #ffffff；
}
content  {
background-color：#ffffff；
padding：10px；
border：1px  solid  #464c54；
}
#content_ 2，#content_ 3  {  display：none；}      //隐藏标签2、3对应
的内容
content  ul  {
margin：0px；
padding：0px 20px 0px 20px；
}
content  ul  li  {
list-style：none；
border-bottom：1px  solid  #d6dde0；
padding-top：15px；
padding-bottom：15px；
font-size：13px；
}
content  ul  li  a  {
text-decoration：none；
color：#3e4346；
}
```

（三）写 JavaScript 代码。这部分代码需要先引入 jQuery，然后通过 jQuery 选择符和设置属性的方法，改变不同区块的显示状态。

```
<script language="javascript" type="text/javascript" src="/public/js/jquery-1.8.0.min.js"></script>
<script>
//当文档装载完毕后，开始处理选项卡区域
$(document).ready(function(){
//当单击某个选项卡时
$("a.tab").click(function(){
//取消所有选项卡的 active 属性
$(".active").removeClass("active");
//再为当前点击的选项卡增加 active 属性
$(this).addClass("active");
//隐藏所有选项卡对应的内容区
$(".content").hide();
//显示当前点击的选项卡对应的内容区，为了达到这个目的，我们首先要取得当前选项卡的 title 名称，并将其存放在变量 content_ show 中
var content_ show = $(this).attr("title");
//显示当前点击选项卡对应的内容区
$("#"+content_ show).show();
});
});
</script>
```

基于 jQuery 生成的代码可读性强，即便对于初学者而言也是较为容易理解的。在上面的代码中，使用了 jQuery 灵活的选择符，如 $（"content"）就表示选择所有类名为 content 的元素，和 CSS 中的类选择器是一致的，$（"a. tab"）表示选择类名为 tab 的 a 元素，在之前的 HTML 中，这就意味着选择某个选项卡。$（"a. tab"）. click（function（）{}）表示为类名为 tab 的 a 元素单击书写处理方法。hide（）表示隐藏某个内容，show（）表示显示某个内容。

附录 A

(X)HTML 参考资料

下面是本书中介绍的（X）HTML 元素和属性的列表，每个元素都有简短的描述。在备注中，使用字母 D（表示废弃的意思）来标注 W3C 不希望使用的元素，同时结合 HTML5 目前的草案，将 HTML5 中的一些变化也做了备注。如没有特殊说明，标记为 D 的元素在 HTML5 中也是被废弃的元素。

（X）HTML 元素和属性

标记/属性	描述	备注
用于大多数标记的属性	下面的属性用于大多数 HTML 标记	
class	用于标记一组元素，以便对它们使用 CSS 所定义的样式	
event	设置触发脚本行为的事件，通常与脚本配合使用	
id	用于标记特定元素，以便对它们应用链接、样式或者 JavaScript 脚本	
lang	用于指定编写元素所使用的语言	
style	用于添加内嵌样式表	
title	用于添加元素的提示信息	
! - -	用于插入注释，浏览器不会将注释显示出来	
! DOCTYPE	用于指定网页所使用的 XHTML 的版本	在 HTML5 中不再需要指定版本
a	用于创建超级链接和锚点	

续表

标记/属性	描述	备注
accesskey	用于为超级链接添加键盘快捷键	
event	用于指定触发脚本的事件	
href	用于指定超级链接的目的页面 URL 或者锚点的名称	
name	用于标记锚点	在 HTML5 中被 id 属性取代
tabindex	用于指定用户使用 tab 键在元素间移动时的顺序	
target	用于指定超级链接打开窗口的方式	在 HTML4.01 中属于废弃属性，但在 HTML5 中又属于正常属性
abbr	用于解释缩写的含义	
acronym	用于解释首字母缩写词的含义	在 HTML5 中被废弃
address	用于格式化网页设计者的电子邮件地址，很少使用	在 HTML5 中被用来指定联系方式
applet	用于插入 applet（小应用程序）	在 HTML5 中建议用 object 元素代替
code	用于指定 applet 代码的 URL	D
width、height	用于指定 applet 的宽度、高度	D
area	用于指定图片中热点区域的坐标	
accesskey	用于为热点特定区域添加键盘快捷键	
alt	用于为热点特定区域添加说明文字	
coords	用于给出图像热点中的区域坐标	
href	用于指定图像热点超级链接的目标地址	
nohref	用于使热点超级链接的点击失去效果	
shape	用于指定图像热点区域绘制的形状	
target	用于指定图像热点超级链接打开的方式	在 HTML4.01 中属于废弃属性，但在 HTML5 中又属于正常属性
b	使用粗体显示文本	
base	用于指定页面超级链接的基础值	

续表

标记/属性	描述	备注
href	用于指定用于生成相对 URL 的 URL	
target	用于指定页面中超级链接默认的打开方式	在 HTML4.01 中属于废弃属性，但在 HTML5 中又属于正常属性
basefont	用于指定页面中的默认字体值（其完全可用样式表替代）	D，在 HTML5 中完全废弃
color	用于指定文本的默认颜色	D
face	用于指定网页中文字的默认字体（如宋体）	D
size	用于指定网页中文字的默认大小	D
big	用于使文字比周围文字更大	在 HTML5 中被废弃
blockquote	用于标记页面中引述文字	
cite	用于指定引述文字的来源，其值为 URL	
body	页面主体部分	
alink、link、vlink	分别用于指定激活状态链接、未点击访问的链接和已经点击访问过的超级链接的颜色	D
background	用于指定网页背景图案	D
bgcolor	用于设定网页背景颜色	D
text	用于设定网页中正文文字的颜色	D
br	用于创建软回车，即换行	
clear	用于清除文本周围的环绕文字	D
button	用于创建表单中的按钮	
accesskey	用于创建按钮的键盘快捷键	
disabled	将按钮的状态设为禁用	
event	用于创建激活脚本的事件	
name	用于标识使用按钮发送的数据，或者用于标识按钮本身	
type	用于指定按钮作为表单元素	
value	用于指定在点击按钮时应该提交的数据	
caption	用于创建表格的标题	
align	用于指定标题和表格的相对位置（上面或下面）	D

续表

标记/属性	描述	备注
center	用于居中文字、图像或者其他元素	D
cite	标记引述文字	
code	用来将文字标记为计算机代码	
col	用于把表格中的列组合并为非结构化组	
align、valign	分别用于指定列组中的水平、垂直对齐方式	在 HTML5 中被废弃
span	用于指定合并单元格的数量	
width	用于指定列的宽度	在 HTML5 中被废弃
colgroup	用于把表格中的列组合成结构化列组	
align、valign	分别用于指定列组中的水平、垂直对齐方式	在 HTML5 中被废弃
span	用于指定列组的数量	
width	用于指定被包围的 col 的宽度	
dd	用于标记自定义列表中项目的定义	
del	在文本上显示删除线，用于标记删除文字	
dfn	用于标记术语定义	
dir	定义目录列表，可用其他列表元素代替	D，在 HTML5 中被 ol 代替
div	用于创建区块容器	
align	用于指定区块容器的对齐方式	D
class	用于标记一组容器，使之能对它们应用样式或脚本	
id	用以标记唯一容器，使之能对它们应用样式或脚本	
dl	用于创建自定义列表	在 HTML5 中表示一组名称和值相关联的列表
dt	用于创建自定义列表中的自定义术语	
em	用于强调文本，通常使用斜体	
fieldset	用于把一组表单元素标记在一起	
font	用于标记字体的颜色、大小、字型等	D
color	标记文字的颜色	D
face	标记文字的字型（如宋体、黑体）	D

续表

标记/属性	描述	备注
size	标记文字的大小	D
form	用于创建和用户进行交互的表单	
action	用于指定处理表单数据的程序地址	
enctype	用于指定表单数据传递到处理程序时的格式	
method	用于指定数据发送到处理程序时的方式	
frame	用于创建框架	在 HTML5 中被废弃
frameborder	用于指定是否显示框架边框	在 HTML5 中被废弃
longdesc	用于链接到包含更多信息的文档	在 HTML5 中被废弃
name	用于给框架命名，以便设定显示目标	在 HTML5 中被废弃
noresize	防止用户改变框架的大小	在 HTML5 中被废弃
marginwidth、marginheight	用于指定框架的宽度和高度	在 HTML5 中被废弃
scrolling	用来显示或隐藏框架的滚动条	在 HTML5 中被废弃
src	用于指定框架中显示的初始 URL	在 HTML5 中被废弃
target	用于指定超级链接的打开方式	
title	用于表明框架的用途，属说明性文字	在 HTML5 中被废弃
frameset	用于定义框架集	在 HTML5 中被废弃
cols	用于确定框架的数量和尺寸	在 HTML5 中被废弃
frameborder	用于显示或隐藏框架的边框	在 HTML5 中被废弃
rows	用于确定框架的数量和尺寸	在 HTML5 中被废弃
h1	用于创建一级标题	
align	指定标题的对齐方式	D
h2	用于创建二级标题	
align	指定标题的对齐方式	D
h3	用于创建三级标题	
align	指定标题的对齐方式	D
h4	用于创建四级标题	
align	指定标题的对齐方式	D
h5	用于创建五级标题	
align	指定标题的对齐方式	D
h6	用于创建六级标题	
align	指定标题的对齐方式	D

续表

标记/属性	描述	备注
head	用于创建网页头部分，通常包括页面的相关信息、页面标题、关键字、相关样式表、脚本等等	
hr	用于创建水平线	在 HTML5 中代表段落层面的隔断
align	用于指定水平线的对齐方式	D
noshade	用于显示不带阴影的水平线	D
size	用于指定水平线的高度	D
width	用于指定水平线的宽度	D
html	用于表示文档的类型为 HTML 文档	
xmlns	用于指定 HTML 命名空间	
i	以斜体显示文字	在 HTML5 中更有明确的意义，用来表示术语、人名等
iframe	用于创建行内框架	
align	用于指定行内框架的对齐方式	D
frameborder	用于显示或隐藏框架边框	D
height	用于指定行内框架的高度	D
name	用于指定框架的名称	D
width	用来指定框架的宽度	D
scrolling	用来指定框架是否显示滚动条	D
marginwidth、marginheight	用于指定框架的宽度和高度	在 HTML5 中被废弃，用 CSS 代替
src	用来指定初始页面的地址	
img	用于在页面中插入图像	
align	用于指定图像的对齐方式，使文字能围绕图像	D
alt	用于指定图片不被显示时的替换文字	
border	用于指定图像的边框宽度	建议用 CSS 代替
hsapce、vsapce	用于指定图像上下、两边的留白量	D
src	用来指定图片的来源地址	

续表

标记/属性	描述	备注
usemap	用来指定应该和引用的图像一起使用的图像热点	
width、height	用来指定图像的宽度和高度	建议用 CSS 代替
input	用于创建表单元素	
accesskey	用于为表单元素添加键盘快捷键	
align	用来指定表单元素的对齐方式	D
checked	用来标记单选按钮或者复选按钮的默认值	
disabled	用来禁用表单元素	
event	用来通过事件触发脚本	
maxlength	用于指定输入字符的最大长度	
name	用来标记元素收集的数据	
size	用于指定文本框或密码框的长度	
src	用于指定图片按钮的 URL	
readonly	用于防止用户修改特定表单元素	
tabindex	用于指定访问者使用 tab 访问表单元素时的顺序	
type	用于指定表单元素是文本框、密码框、单选按钮、复选框、隐藏域、提交按钮、重置按钮以及活动图像	
value	用于指定表单元素的默认值	
ins	使用下划线标记插入的文本	
kbd	用于标出键盘文本	
label	用于为表单元素添加标签	
for	用于指定标签对应的元素	
legend	用于为一组表单元素添加标签	
align	用于对齐元素	D
li	用于创建列表中的项目	
type	用于确定在列表项目前面使用的符号类型	D
value	用于指定第一个列表项目的初始值	D
link	用于链接到外部样式表	
href	用于指定样式表所在地址	

续表

标记/属性	描述	备注
media	用于指定样式表使用的媒体类型	
title	用于指定替代样式表	
type	用于指定样式表的 MIME 类型	
rel	用于指定样式表是首选的还是替代的	
map	用于创建客户端可见的图片热点	
name	用于指定 map 的名称，以便与 img 元素配对引用	
menu	创建一个无序列表	在 HTML4.01 中属废弃元素，但在 HTML5 中重新定义为工具栏或在适当语境中提供菜单
meta	用于标记网页头部分中的元信息	
content	用于添加关于网页本身的额外信息	
http-equiv	用于创建到其他页面的自动跳转，以及声明字符编码	
name	用于标识有关网页的额外信息	
noframes	当浏览器不支持框架时提供替代方案	在 HTML5 中被废弃
noscript	当浏览器不支持脚本时提供的替代方案	
object	用于在网页中插入对象（如 Flash 动画、视音频等）	
align	指定对象的对齐方式	D
border	用于指定对象的边框大小	D
classid	用于调用 ActiveX 控件	在 HTML5 中被废弃
codebase	用于指定所需多媒体播放器的位置	在 HTML5 中被废弃
data	用于指定嵌入的多媒体文件的地址	
hspace、vspace	用于指定对象与周围的留白量	D
name	用于标识对象以便调用	
standby	用于指定对象装载时的信息	
type	用于指定对象的 MIME 类型	
width、height	用于指定对象的宽度和高度	
ol	用于创建无序列表	

续表

标记/属性	描述	备注
type	用于指定列表项之前的数字类型	D
start	用于指定第一个列表项目的初始值	D
optgroup	用于创建表单菜单项目中的分组	
disabled	用于禁用菜单项，直到某一事件发生	
label	用于指定菜单分组的标题	
option	用于创建表单中的菜单选项	
disabled	用于禁用菜单，直到某一事件发生	
label	用于指定选项应该如何出现在菜单中	
selected	用于指定菜单中的默认值	
value	用于指定菜单中的初始值	
p	用于创建段落	
align	用于指定段落的对齐方式	D
param	用于设定对象（object）的属性	
name	用于指定属性的类型	
value	用于指定命名属性的值	
pre	用于保持初始文本中的空格和回车	
q	用于引述简短文本段落	
cite	用于提供引述来源的地址	
s	用于以中间划线的方式显示文字	
samp	使用等宽字体显示范例文字	
script	用于添加脚本	
charset	用于指定脚本所使用的字符集	
language	用于指定脚本所使用的语言	D
src	用于指定脚本所在地址	
type	用于指定脚本所使用的类型	
select	用于在表单中组织菜单	
disabled	用于禁用菜单项，直到某一事件发生	
name	用于标记菜单表单收集的数据	
multiple	用于允许用户选择多个菜单	
size	用于指定菜单大小	

标记/属性	描述	备注
small	用于缩小文本的大小	在 HTML5 中用于标记类似附注的内容
span	用于创建行内容器	
class	用于标记某一类型的容器，以便应用样式或脚本	
id	用于标记特定的内容，以便应用样式或脚本	
strike	作用同 s 元素	D，HTML5 中也被废弃
strong	用于标记文本中的重要内容，在逻辑上强调重要性	
style	用于创建内部样式表	
media	用于指定样式表适用的媒体类型	
type	用于指定样式表的 MIME 类型	
sub	用于创建下标	
sup	用于创建上标	
table	用于创建表格	
align	用于设置表格内部对齐方式	D
bgcolor	用于指定表格的背景颜色	D
border	用于指定表格边框的宽度	D
cellpadding	用于设定单元格内容与边框之间的间距	建议用 CSS 代替
cellspacing	用于设定单元格之间的间距	建议用 CSS 代替
frame	用于显示外部边框	建议用 CSS 代替
rules	用于显示内部边框	建议用 CSS 代替
width、height	用于指定表格宽度和高度	建议用 CSS 代替
tbody	用于标示表格主体部分	
align、valign	用于指定表格主体部分的对齐方式	D
bgcolor	用于指定表格的背景颜色	D
td	用于创建表格中的单元格	
align、valign	用于指定单元格的水平、垂直对齐方式	D
bgcolor	用于设定单元格的背景颜色	D
char	用于指定对齐方式为 char 时的基准字符	
colspan	用于使一个单元格横跨多列	

标记/属性	描述	备注
nowarp	用于使单元格内部文字保持在一行	D
rowspan	用于使一个单元格横跨多行	
width、height	用于指定单元格的尺寸	D
textarea	用于在表单中创建多行文本输入区域	
accesskey	用于为文本区域添加键盘快捷键	
disabled	用于禁用文本块，直到发生某一事件	
name	用于标识文本块收集的数据	
readonly	用于保护文本块内容不被修改	
rows、cols	用于指定文本块的行数和列数	
tfoot	用于指定表格的表脚	
align、valign	用于指定表脚中的对齐方式	D
bgcolor	用于指定表脚的背景颜色	D
th	用于创建标题行中的单元格	
align、valign	用于指定单元格的水平、垂直对齐方式	D
bgcolor	用于设定单元格的背景颜色	D
char	用于指定对齐方式为 char 时的基准字符	
colspan	用于使一个单元格横跨多列	
nowarp	用于使单元格内部文字保持在一行	D
rowspan	用于使一个单元格横跨多行	
width、height	用于指定单元格的尺寸	D
thead	用于指定表格的表头部分	
align、valign	用于指定表头中的对齐方式	D
bgcolor	用于指定表头的背景颜色	D
title	用于创建显示在浏览器标题栏中的页面标题，是必需指定的元素	
tr	用于创建表格中的行	
align、valign	用于指定行内容的对齐方式	D
bgcolor	用于指定整行的背景颜色	D
tt	用于以等宽字体显示文本	

标记/属性	描述	备注
u	用于以下划线的方式显示文本	在 HTML4.01 中属废弃元素，但在 HTML5 中又有了新的使用方法
ul	用于创建无序列表	
type	用于指定出现在每个列表项之前的标志	D
var	定义程序变量，通常以斜体显示	

附 录 B

常用 CSS 属性和值

下面是本书中介绍的 CSS 属性及其值的列表，并没有涵盖规范中定义的每个属性，重点放在实际网页制作中使用率较高的属性上。

属性及其值	描述和注释
background 　　backgroud-attachment、background-color、back-ground-image、background-repeat、background-po-sition 的任意组合	用于改变元素的背景颜色和图像 初始值由各个属性决定
backgroud-attachment 　　可以是 scroll、fixed 或者 inherit	用于确定背景图像是否滚动和如何滚动 初始值：scroll
background-color 　　颜色值、transparent 或者 inherit	用于设置元素的背景颜色 初始值：transparent
background-image 　　可以是 URL、none 或者 inherit	用于设置元素的背景图像 初始值：none
background-position 　　可以是一个或两个百分数或者长度，或者 top、center、left、right、bottom 的组合，或者 inherit	用于设置元素背景图像的位置 初始值：0, 0
background-repeat 　　repeat、repeat-x、repeat-y、norepeat 或者 in-herit	用于确定背景图像重复平铺的方式或者是否平铺 初始值：repeat

属性及其值	描述和注释
border 　border-width、border-style 和/或颜色任意组合，或者 inherit	用于定义元素四边边框的各个属性 初始值由各个属性决定
border-color 　1—4 种颜色、transparent 或者 inherit	用于设置元素边框颜色 初始值：元素的 color 属性
border-spacing 　可以是一个或者两个长度，或者是 inherit	用于指定表格中边框之间的间距 初始值：0
border-style 　1—4 个下列值：none、dotted、dashed、solid、double、groove、ridge、inset、outset 和 inherit	用于设置元素的边框样式 初始值：none
border-top、border-right、border-bottom、border-left 　border-width 值、border-style 值和/或颜色值的任意组合，或者 inherit	用于设置元素的特定方向上的边框属性 初始值：由各个属性决定
border-top-color、border-right-color、border-bottom-color、border-left-color 　颜色或者 inherit	用于定义元素特定方向上的边框的颜色 初始值：color 属性的值
border-top-style、border-right-style、border-bottom-style、border-left-style 　none、dotted、dashed、solid、double、groove、ridge、inset、outset 之一或者 inherit	用于定义元素特定方向上的边框样式 初始值：none
border-top-width、border-right-width、border-bottom-width、border-left-width 　thin、medium 和 thick 之一，或者长度值	用于定义元素特定方向上的边框宽度 初始值：medium
border-width 　1—4 个下列值：thin、medium、thick 或者长度值	用以定义元素的边框宽度 初始值：medium
bottom 可以使百分比、长度值、auto 或者 inherit	用于定义元素与其父元素的底边的偏移量 初始值：auto
clear 　none、left、right 和 both 之一，或者 inherit	清除浮动 初始值：none

属性及其值	描述和注释
clip 　auto、rect 或者 inherit	用于显示元素的部分内容 初始值：auto
color 　颜色值或者 inherit	用于设定元素内容的颜色 初始值：父元素的颜色
cursor 　auto、crosshair、defualt、pointer、progress、move、e-resize、ne-resize、nw-resize、n-resize、se-resize、sw-resize、s-resize、w-resize、text、wait、help、某个 URL 或者 inherit	用于设定鼠标指针的形状 初始值：auto
display 　inline、block、list-item、none 或者 inherit	用于确定显示元素的方式 初始值：inline
float 　left、right、none 或者 inherit	用于确定元素的浮动方式 初始值：none
font 　可以是 font-style、font-variant 和 font-weight 的值的组合，后面必须是 font-size 值、可选的 line-height 值和必需的 font-family 值，或者 inherit	用于设置文本字体样式，如大小、行间距、变体、粗细等 初始值：由各个属性决定
font-family 　用引号标记的一个或多个字体名称，或者 inherit	用于设置文本的字体系列 初始值：由浏览器确定，一般为宋体
font-size 　绝对尺寸、相对尺寸、长度值、百分数或者 inherit	用于设置字体的大小 初始值：medium
font-style 　normal、italic、oblique 或者 inherit	用于设置文本是否斜体 初始值：normal
font-variant 　normal、small-caps 或者 inherit	用于设置文本是否为小型大写字母 初始值：normal
height 　长度、百分数、auto 或者 inherit	用于设置元素的高度 初始值：auto
left 　长度、百分数、auto 或者 inherit	用于设置元素到其父元素左边界的偏移量 初始值：auto

属性及其值	描述和注释
letter-spacing normal、长度或者 inherit	用于设置字母之间的间距 初始值：normal
line-height normal、数字、长度值、百分数或者 inherit	用于设置行间距 初始值：normal
list-style list-style-type、list-style-position 和/或 list-style-image 的值的任意组合，或者 inherit	用于设定列表项目前的标志及其位置 初始值：由各个元素决定
list-style-image URL、none 或者 inherit	用于设定列表项前的图标 初始值：none
list-style-position inside、outside 或者 inherit	用于确定列表标志的位置 初始值：outside
list-style-type disc、circle、square、decimal、lower-roman、upper-roman、 lower-alpha、 upper-alpha、none、inherit	用于设定列表项前的标志 初始值：disc
margin 1—4 个下列值：长度值、百分数、auto 或者 inherit	用于设定元素的外边距 初始值：由浏览器和 width 值决定
margin-top、margin-right、margin-bottom 和 margin-left 长度值、百分数、auto 或者 inherit	用于设定元素对应方向上的外边距 初始值：0
max-height、max-width 长度值、百分数、none 或者是 inherit	分别用于设定元素的最大高度和最大宽度 初始值：none
min-height、min-width 长度值、百分数、none 或者是 inherit	分别用于设定元素的最小高度和最小宽度 初始值：0
orphans 整数或者 inherit	用于指定元素中的多少行可以单独出现在页面底部 初始值：2
overflow visible、hidden、scroll、auto 或者 inherit	用于确定内容溢出容器时的显示方式 初始值：visible
padding 1—4 个长度或者百分数，或者 inherit	用于指定元素内容到其边框线的间距 初始值：由浏览器决定

属性及其值	描述和注释
padding-top、 padding-right、 padding-bottom、padding-left 　　长度值、百分数或者 inherit	用于指定元素内容区域在某一方向和其边框之间的间距 初始值：0
position 　　可以是 static、relative、absolute、fixed 或者 inherit	用于决定元素相对于文档流的定位方式 初始值：static
right 　　长度、百分数、auto 或者 inherit	用于设置元素和其父元素右边缘的偏移量 初始值：auto
table-layout 　　fixed、auto 或者 inherit	用于选择确定单元格宽度的算法 初始值：auto
text-align 　　left、right、center、justify、inherit	设定文字的对齐方式 初始值：由浏览器和文字书写方向确定
text-decoration 　　underline、overline、line-through、blink、none 或者 inherit	设定文字的修饰效果 初始值：none
text-indent 　　长度、百分数或者 inherit	用于设置段落首行缩进的距离 初始值：0
text-transform 　　capitalize、uppercase、lowercase、none 或者 inherit	用于设置元素文本的首字母大写 初始值：none
top 　　长度值、百分数、auto 或者 inherit	用于设置元素和其父元素定边缘之间的偏移量 初始值：auto
vertical-align 　　baseline、sub、super、top、text-top、middle、bottom、text-bottom、百分数、长度或者 inherit	用于设定元素的垂直对齐方式 初始值：baseline 只能应用于行内元素和表格中的单元格
visibility 　　visible、hidden、collapse 或者 inherit	用于隐藏元素，但不把它们从文档流中删除 初始值：inherit
white-space 　　normal、pre、nowrap、pre-wrap、pre-lined 或者 inherit	用于指定处理文档中空白符号的方式 初始值：normal

续表

属性及其值	描述和注释
windows 　整数或者 inherit	用于指定元素中的多少行可以单独出现在页面顶部 初始值：2
width 　长度、百分数、auto 或者 inherit	设定元素的宽度 初始值：auto
word-spacing 　normal、长度或者 inherit	用于设定单词之间的间距 初始值：normal
z-index 　auto、整数或者 inherit	用于设定元素在重叠时的顺序 初始值：auto

参考文献

［美］唐·泰普斯科特、安东尼·D. 威廉姆斯：《维基经济学：大规模协作如何改变一切》，中国青年出版社 2007 年版。

张名章：《网络新闻编辑》，北京师范大学出版社 2010 年版。

上海盛大网络发展有限公司：《PHPCMS V9 用户手册》，［2012 - 02 - 12］http：//bbs. phpcms. cn/thread - 422041 - 1 - 1. html。

董江勇、李博明：《与 50 位网站主编面对面》，清华大学出版社 2010 年版。

Adobe：《Photoshop 帮助与支持》，［2012 - 02 - 12］http：//help. adobe. com/zh_ CN/。

宋文官、王晓红：《网络信息编辑实务》，高等教育出版社 2008 年版。

刘韧、韩磊：《网络媒体教程》，中国广播电视出版社 2005 年版。

彭兰：《网络新闻编辑教程》，武汉大学出版社 2007 年版。

［美］伊丽莎白·卡斯特罗：《HTML XHTML CSS 基础教程》，人民邮电出版社 2007 年版。

W3C：《HTML 4.01 Specification》，［2012 - 02 - 12］http：//www. w3. org/TR/1999/REC-html401 - 19991224/.

W3C：《HTML5 differences from HTML4》，［2012 - 02 - 22］http：//www. w3. org/TR/html5-diff/.

W3C：《Cascading Style Sheets Level 2 Revision 1（CSS 2. 1）Specification》，（2011 - 06 - 07）［2011 - 12 - 31］http：//www. w3. org/TR/

2011/REC-CSS2-20110607/.

〔美〕克拉夫特：《CSS 实战精粹》，电子工业出版社 2008 年版。

Microsoft. Internet Explorer 6 usage around the world，〔2012 - 02 - 22〕http：//www. ie6countdown. com/#list.

〔美〕瓦特罗尔，西罗托：《深入浅出 Web 设计》，东南大学出版社 2010 年版。

〔美〕布朗：《学会提问：批判性思维指南》，中国轻工业出版社 2006 年版。

〔美〕戴夫·谢伊、莫里：《CSS 禅意花园》，人民邮电出版社 2007 年版。

〔美〕罗宾·威廉姆斯：《写给大家看的设计书》，人民邮电出版社 2009 年版。

〔日〕佐佐木刚士：《版式设计原理》，中国青年出版社 2007 年版。

〔美〕史蒂夫·克鲁克：《点石成金》，机械工业出版社 2006 年版。

〔美〕迪克·奥力弗：《HTML 与 CSS 入门经典》，人民邮电出版社 2007 年版。

〔美〕查尔斯·科斯特尼克：《视觉语言设计：职业传播者策略》，中国人民大学出版社 2005 年版。

彭兰：《中国网络媒体的第一个十年》，清华大学出版社 2005 年版。

〔美〕杰弗里·泽尔德曼：《网站重构》，电子工业出版社 2005 年版。

陈彤、曾祥雪：《新浪之道》，福建人民出版社 2005 年版。